Klaus Honold

Erste Liebe Linie 5

120 Jahre Darmstädter Straßenbahngeschichte(n)

Wartberg Verlag

Fotonachweis:
Ingrid Andriessen-Beck: S. 24 o., 39 u.; Rolf Baakes: S. 31 u.; Edmund Boss: S. 53 u., 55 o., 55 M.; Ernst Dörr: S. 27; Werner Dollinger: S. 32 u.; ECHO-Archiv: S. 4, 7, 8 o., 8 u., 9 o., 12 o., 12 u., 23 u., 34 l. 34/35, 40 u., 41, 47; Christiane Gärtner: S. 15 o.; Roman Grösser: S. 11 u.; Liebhart Grolik: S. 32 o., 52 u., 53 o., 62 o.; Heag-Archiv: S. 9 u., 10, 11 o., 14, 17, 18, 20, 21, 22 o., 24 u., 26, 28 o., 29 o., 30, 37, 38 o., 38 M., 38 u., 40 o., 42/43, 44, 45 u., 46, 48, 50 o., 51 o., 54, 55 u., 56/57, 58, 59, 60/61 o., 60/61 u., 63; Erich-Kästner-Archiv, München: S. 6 o.; Barbara Klemm: S. 5; Dieter W. Leitner: S. 33 M.; Ria Märtin: S. 45 o.; Hartmut Massoth: S. 49; Hella Nobiling: S. 13 o.; Marianne Pabst: S. 16; Alan N. Peachey: S. 31 o., 33 o., 33 u., 36, 50 u., 52 o., 52 M.; Willi Raitz: S. 15 u.; Jürgen Schmidt: S. 25; Stadtarchiv: S. 6 u.; Christa Voelker: S. 13 u., 19, 39 o., 62 u.; Karl Wesch: S. 29 u.; Gerd Wissenbach: S 28 u.

Dank:
Barbara Klemm, Silke Rautenberg, Joachim Müller und Gerhard Schweizer sei für Ihre Hilfe und Unterstützung ausdrücklich gedankt.

1. Auflage 2006

Satz und Layout: Grafik & Design Ulrich Weiß, Gudensberg
Druck: Thiele & Schwarz, Kassel
Buchbinderische Verarbeitung: Buchbinderei Büge, Celle

34281 Gudensberg-Gleichen, Im Wiesental 1
Telefon (0 56 03) 9 30 50
www.wartberg-verlag.de
ISBN 10: 3-8313-1666-X
ISBN 13: 978-3-8313-1666-3

Grußwort des Herausgebers

Es gibt glückliche Momente, wo sich die Dinge gut zusammen fügen. So ist es auch bei der Entstehung dieses Buchs gewesen. Dass man als Herausgeber sowohl einen kompetenten Autor als auch den passenden Verlag findet, ist keine Selbstverständlichkeit. Umso mehr freuen wir uns über die Entstehung dieses Buches zum 120-jährigen Jubiläum der Darmstädter Straßenbahn.

Es ist kein typisches Straßenbahngeschichtsbuch, in dem meist die verschiedenen Fahrzeugmodelle mit detaillierten technischen Daten im Vordergrund stehen. Das sollte es auch nicht werden. Vielmehr ging es von Anfang an darum, das Leben und Erleben mit der Straßenbahn zu zeigen. Klaus Honold ist das auf wunderbare Weise gelungen. Er hat als Autor viele persönliche Eindrücke einfließen lassen – sowohl die eigenen als auch die zahlreicher Leserinnen und Leser des Darmstädter Echo, die ihm von ihren individuellen Straßenbahnerlebnissen berichtet haben. Insofern ist es ein Buch über die Straßenbahn, aber auch über die Menschen in Darmstadt, in dem sich Stadtgeschichte und Stadtentwicklung spiegeln. Viele Leserinnen und Leser werden manches von dem Geschilderten selbst ähnlich erlebt haben. Viele der Fotos sind hier erstmals gedruckt, so dass es auch für Kenner der Darmstädter Straßenbahn einiges Neues zu entdecken gibt. Selten zeigen die Bilder ausschließlich ein Straßenbahnfahrzeug. Meistens sind auch das städtische Umfeld oder auch Personen mit auf den Bildern zu sehen. Manch einer wird vielleicht Freunde oder Verwandte oder gar sich selbst entdecken.

Das Buch ist nicht chronologisch gegliedert, sondern beleuchtet verschiedene Facetten der Darmstädter Straßenbahn. Es ist eine Zeitreise, die bei den Älteren Erinnerungen wecken soll und den Jüngeren veranschaulichen soll, wie es früher einmal gewesen ist. Dass eine Straßenbahn weitaus mehr ist als ein technisches Verkehrsmittel, diese Meinung werden am Ende des Buches die meisten Leserinnen und Leser mit uns teilen. Klaus Honold und dem Wartberg Verlag danken wir für dieses Buch sehr herzlich.

Prof. Horst H. Blechschmidt
Vorstandsvorsitzender der HEAG AG

Harald Fiedler
Stellvertretender Vorstandsvorsitzender der HEAG AG und
Vorsitzender der Geschäftsführung der HEAG mobilo GmbH

Dipl.-Kfm. Matthias Kalbfuss
Geschäftsführer der HEAG mobilo GmbH

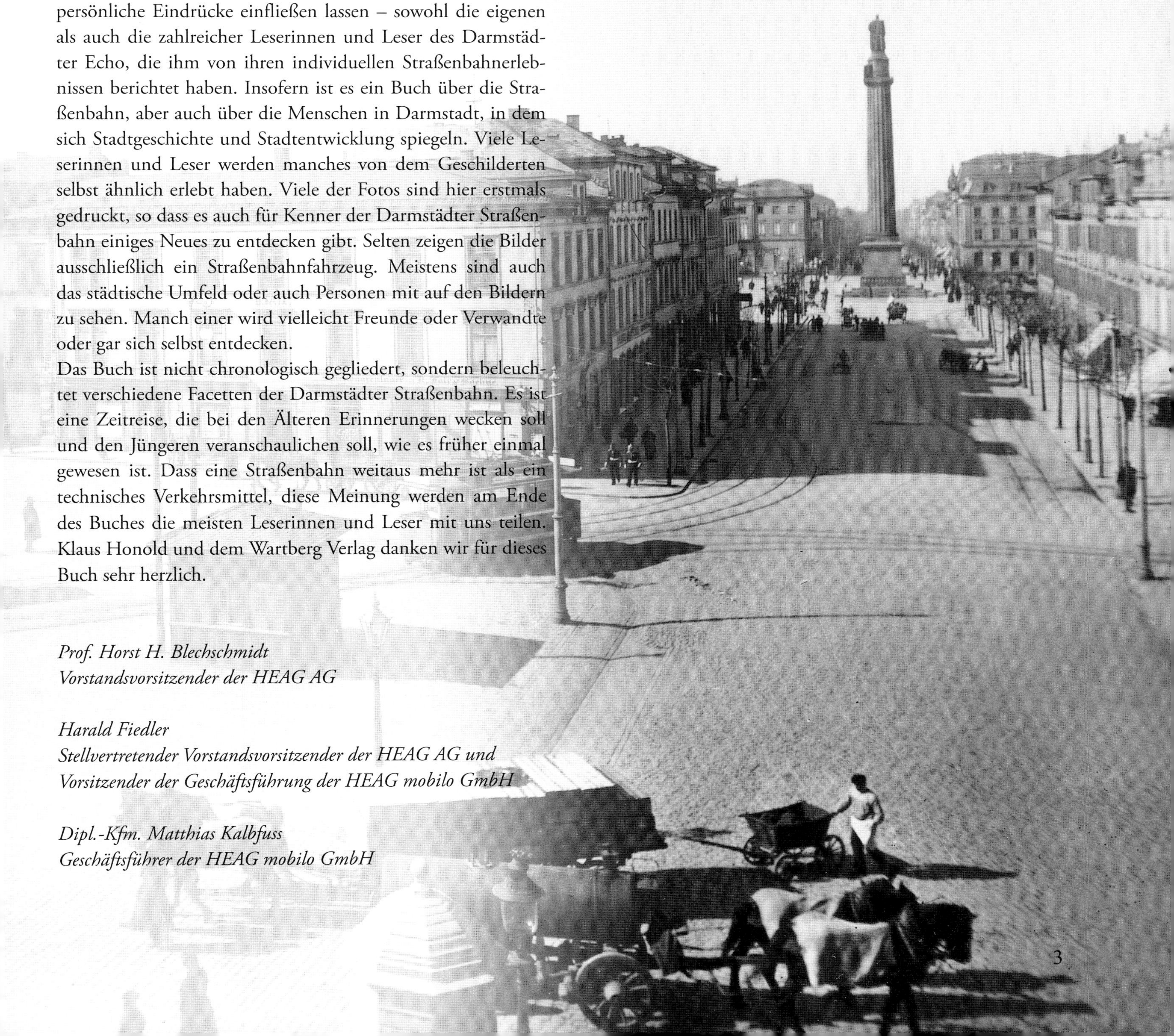

Obere Rheinstraße, 1895: Der Feurige Elias hat seine Endhaltestelle vor dem heutigen Kaufhof, die Städtische Straßenbahn gibt es noch nicht.

Schienen ins Herz

Im Takt der Viertelstunde: 120 Jahre Straßenbahn

Eines der schönsten Bilder von Barbara Klemm, der großen europäischen Fotografin, zeigt eine Straßenbahnhaltestelle in Kattowitz. Eine schmutzige Häuserzeile begrenzt den Blick, es ist ein grauer Tag in einer armen Gegend; Pfützen haben sich auf der schlammigen Fahrbahn gebildet, hier im Vorort hat es nicht mal zu Asphalt gereicht. Doch da liegen Straßenbahnschienen; darüber spannt sich die Oberleitung, und am Gleis wartet zuversichtlich eine Familie. Der Junge hält einen Blumenstrauß in der Hand; vielleicht geht es zu Omas Geburtstag.

Klemms Foto ist ein Bild der Hoffnung, und die Straßenbahn übernimmt darin die Rolle eines Symbols. Wo Schienen liegen, da geben sie ein Versprechen ab: Die Bahn kommt. Schienen sind ein Zeichen, das sagt: Wir sind schon da; was du noch nicht siehst, das wird gleich eintreten. (Aus Wildwestfilmen kennt man die Szene, in der Indianer das Ohr ans Gleis legen, das sich in der leeren Prärie verliert: Die Rothaut hört den Zug, den noch keiner sieht.) Das Versprechen lautet: Du wirst hier abgeholt. Wo Schienen liegen, dorthin können Menschen kommen – und von dort können sie auch wegfahren. Es soll hier nichts gegen den Autobus gesagt werden. Aber auf einen Boten, der ähnlich tröstliche Gewissheiten vermittelt, muss er verzichten.

Trümmer an den Rand

In der Geschichte der Darmstädter Straßenbahn hat es nur wenige Tage gegeben, in der das Versprechen, das die den Triebwagen vorauseilenden Schienen gaben, nicht eingelöst wurde. In der Nacht vom 11. zum 12. September 1944 verbrannte Darmstadt im Feuersturm, den die Bomben des britischen Bomberkommandos entfacht hatten. Auf den Straßen und in den Kellern lagen zehntausend Tote, und als die Leichen geborgen waren, lagen dort noch immer Tausende Tonnen Trümmer. Schutt und Ruinen spiegelten den überlebenden Opfern nun, welches Grauen sie mit heraufbeschworen hatten. Solang der Krieg dauerte, war dies nicht mehr zu wenden. Aber es geschah etwas Eigentümliches. Als gäbe es nichts Wichtigeres, räumten die Darmstädter die Steinhaufen beiseite. Sie konnten sie nicht beseitigen – Krieg und Verbrechen steigerten sich von Tag zu Tag. Doch es gelang, die Trümmer an den Straßenrand zu schieben. Und das innerhalb kürzester Zeit. In einer versehrten Stadt mit versehrten Bürgern wurden die Wege so freigeräumt, dass die Straßenbahn wieder fahren konnte. Und schon im Oktober 1944 verkehrte sie wieder nach Fahrplan – nicht nur in heil gebliebenen Außenbezirken, sondern mitten durchs Zentrum.

Barbara Klemm: Kattowitz, Polen, 1971.

Wozu? mag sich mancher heute fragen. Die meisten Überlebenden waren ja in den Odenwald oder an die Bergstraße geflohen. Das ist richtig. Doch die Arbeitsplätze in den Fabriken und in den Büros, die gab es noch. Der Weg zur Arbeit wurde länger. Man fuhr erst mit der Eisenbahn. Aber dann stiegen die ausgebombten Darmstädter in ihre „Elektrische“ um. Jeder hatte mit sich auszumachen, was ihm und seiner Familie widerfahren war. Allein an den Haltestellen stand, vertraut wie eh und je, die „Ellebembel“, der beige Wagen, noch immer mit Reklame verziert, wenn auch ein Pappdeckel die Fensterscheibe ersetzte. Die Straßenbahn ruckte an, sie quietschte wie in Friedenszeiten durch die Kurven, sie bot während der fünfzehn oder zwanzig Minuten Fahrt den Vergleich an zu dem, was einmal war, und dem, was vielleicht einmal sein würde.

Und insofern war die Straßenbahn auch ein Versprechen auf Frieden. Daran mögen die tapferen „Heagser“ im Herbst 1944 nicht gedacht haben. So wenig wie andererseits an den so genannten Endsieg. Für sie war es eine Selbstverständlichkeit, das Kaputte zusammenzuflicken – Berufsehre, Straßenbahnerehre. Und sie haben, daran ist selten genug erinnert worden, wiederholt ihr Leben riskiert: Bei den Tieffliegerangriffen, die allem galten, was sich auf der Straße bewegte: der Tram nach Seeheim ebenso wie dem O-Bus nach Ober-Ramstadt. Eine Geschichte der Darmstädter Straßenbahn kann von daher nichts anderes sein als eine Geschichte der Menschen, die mit ihr zu tun hatten und zu tun haben.

Der berühmteste Fahrgast unserer Straßenbahn rührt noch einmal an diese Wunde. Es war Erich Kästner, der einige der bewegendsten Sätze über Darmstadt schrieb, und über seine Fahrt durch die schwarzgeränderten Steinberge: *Darmstadt existiert im Grunde nicht mehr,* heißt es in Kästners Bericht, der am 5. April 1946 in der legendären Münchner *Neuen Zeitung* erschien, *es wurde in einem Zwanzigminutenangriff aus der Welt*

Erich Kästner, 1946: Als Redakteur der in München erscheinenden „Neuen Zeitung" besuchte er Darmstadt.

geschafft. Die Einwohnerzahl sank in dieser maßlosen Drittelstunde von hundertzwanzig- auf achtzigtausend Menschen, und an Bewohnbarem blieb keine Hundehütte übrig. Heute sind die Straßen sauber aufgeräumt, „peinlich" sauber, ist man versucht zu denken. Die vernichtete Stadt liegt da wie ein totes Schmuckkästchen. Die Trambahn fährt vom einen zum anderen Stadtende wie über einen feiertäglich geharkten Friedhof.

So war es. War es so? Kästners Bericht ist ein Bericht aus dem Frühling. Das klingt merkwürdig, als dürfe es im Krieg und im Schatten des Krieges keine Jahreszeiten geben. Dreizehn Monate bereits waren seit dem Kriegsende in Darmstadt vergangen. Die Stadt war zerstört, gewiss, jedoch kein *totes Schmuckkästchen.* Falls es denn *lebende* geben kann. Das Sprachbild gerät daneben, seltsam bei einem Schriftsteller wie Kästner. Allein Kästner kam aus Heidelberg; das war nun wirklich heil, wie aus einer anderen Welt, und er fuhr die Bergstraße entlang, Anfang April; die Mandelbäume blühten, und die hatte noch nie ein Krieg beeindruckt, nicht seit Römertagen.

Und wenn der Strom nicht fließt?

Kästner kam als Feuilletonredakteur, um über die erste Theaterpremiere nach dem Krieg zu berichten, die erste nicht nur in Darmstadt, sondern einer der ersten überhaupt in deutschen Städten. Kästners Ziel war die Orangerie. Dort spielte das Hessische Landestheater seit einem halben Jahr. Also nicht: *feiertäglich geharkter Friedhof,* sondern: Leben in der Stadt. Und so hieß auch das Theaterstück, dessen Uraufführung der Dichter protokollierte: *Wir sind noch einmal davongekommen* von Thornton Wilder. Das galt freilich nicht für die zehntausend Darmstädter Bombentoten und auch nicht für Tausende südhessischer Juden, die in den Konzentrationslagern umgebracht worden waren.

Auf seiner Fahrt nach Darmstadt notierte Kästner sich den Blütenrausch entlang der Bergstraße. *Hyazinthen, Primeln, Narzissen, Veilchen, Forsythien, Kirsch- und Apfelbäume* jubelten dem Besucher *in allen Pastellfarben zu. Die Luft wehte wie weiche Seidentücher in die Gesichter.* Diese Kontraste muss man erst einmal aushalten. *Jubelnde Apfelbäume.* Und doch, auch für die Darmstädter war dies Alltag. Ein Jahr lagen Tod und Zerstörung zurück. Das Frühlingspastell war, schon 1945, die erste Farbe gewesen, die sich vor die geschwärzten Ruinen gelegt hatte. Kästner müsste am Hauptbahnhof in einen Wagen der Linie 2 geklettert sein. Der fremde Gast konnte nicht ahnen,

Ernst-Ludwigs-Platz, 1897: Die Straßenbahn fährt vom Böllenfalltor zu den Bahnhöfen, die Gleise des Feurigen Elias wurden auf die Nordseite der Rheinstraße verlegt. Unten: Ernst-Ludwigs-Platz, Oktober 1944. Die Stadt ist zerstört, doch die Tram verkehrt.

was ihn erwartete. Der Hauptbahnhof war unzerstört. An der oberen Rheinstraße, wo die Stadt hätte beginnen müssen, verschwand sie. Erst kurz vor dem Böllenfalltor kehrte sie zurück. Dort standen einige heilgebliebene Villen.

Die Straßenbahn hat das alles mitgemacht. Nur zwei der über hundert Wagen verbrannten im Feuersturm. Vorderhand sind die Gesetze der Physik unverrückbar. Die Straßenbahn fährt, sowie durch die Oberleitung Strom dem Motor zu- und nach geleisteter Arbeit durch die beiden Schienen abfließt.

Und wenn der Strom nicht fließt? Die Darmstädterin Ria Märtin erzählt dazu eine Geschichte: *Nach Kriegsende kam ein Freund meines Bruders aus der Gefangenschaft zurück. Er stand lang am Hauptbahnhof, wartend auf die Linie 3, die ihn nach Bessungen bringen sollte. Schließlich bat er eine alte Frau um Auskunft.*

Böllenfalltor, 1911: Lokomotive der Eberstädter Strecke, gebaut von der Firma Hohenzollern, 1888.

„Ach lieb Buubche", sagte die bekümmert, „die Drei fährd noch lang ned. Do is ja unnerwäägs alles kabudd." Mit bangem Herzen machte er sich zu Fuß auf den Weg heim nach Bessungen – doch er fand Eltern und Haus unversehrt. Tatsächlich ist die Linie 3 als letzte erst am 1. Januar 1947 wieder in Betrieb gesetzt worden. Nicht, weil so lang Trümmer auf der Straße gelegen hätten. Es fehlten schlicht die Häuser, an denen man die Oberleitung hätte befestigen können. Es mussten erst Masten besorgt und aufgestellt werden.

Und so entpuppt sich Erich Kästners Erinnerung als Erfindung. Wahrscheinlich ist er über die Autobahn von München nach Darmstadt gekommen, mit einem Zwischenstopp in Heidelberg. Ansonsten hätte er als privilegierter Passagier einen der eigentlich nur für die Alliierten verkehrenden Schnellzüge benutzen müssen, die der erste Nachkriegsfahrplan der Deutschen Reichsbahn in der amerikanischen Zone verzeichnete. Vielleicht hatte der Reisende auch einfach Zeit, war früh angekommen und nutzte den Nachmittag vor dem Theaterabend für eine Trambahnfahrt zum Böllenfalltor. Ist die Wahrheit wichtig?

Es muss jedenfalls einen Grund geben, dass der weltmännische Autor anlässlich einer Schauspielrezension so viele Zeilen nutzt, um den Kontrast zwischen dem zeitlos scheinenden Bergstraßenfrühling und der Ruinenstadt zu schildern, deren Zerstörungsdauer er genau festhält *(„maßlose Drittelstunde")*. Hier wird der Straßenbahn eine besondere Funktion des Erzählens übertragen. Sie belegt den historischen Augenblick, und an ihr manifestiert sich das Menschengemachte gegenüber dem willenlos und geschichtslos Kreatürlichen der zu allen Zeiten wieder blühenden Mandelbäume. Die Bergsträßer stehen, wie sie schon während der Nazizeit standen, *in den Spargelbeeten*, oder man sieht sie, wie sie *im offenen Fenster liegen, den spielenden Kindern zusehen und lächelnd von Aprikosenmarmelade und anderen Spielsachen Floras träumen.* Die Darmstädter dagegen haben Geschichte gemacht und Geschichte erlitten. Dafür steht die Straßenbahn – sie führt ins Zentrum des Verbrechens, aber sie führt auch wieder hinaus.

Griesheim, 1915: Tramway-Lok von Henschel, gebaut 1889.

Arheilgen, 1922: Abfahrt des letzten Dampfzugs am 31. März.

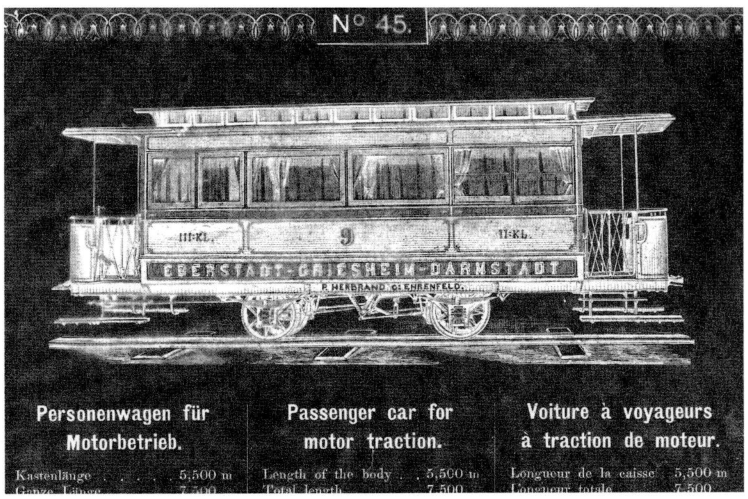

Blaupause des Waggonherstellers Herbrand & Co.

Kästner mochte wohl instinktiv erfasst haben, was die „Elektrische“ für das gebeutelte Darmstadt bedeutete. Sie fuhr. Strom floss. Und auch in der Karlstraße, wo die Frühlingssonne nur Staub beschien, lagen die Schienen als Versprechen einer Zukunft, die man noch nicht sehen konnte. Auch aus einem zweiten Grund war es kein Zufall, dass Kästner, als es ihm darum ging, einen ihm wichtigen Eindruck wiederzugeben, die Straßenbahn heranzog. Denn Kästner war *der* Autor, der die Straßenbahn in die Literatur eingeführt hatte. *Straßenbahnlinie 177* heißt das sechste Kapitel von *Emil und die Detektive,* jenes Kapitel des ersten modernen deutschen Jugendbuchs, in dem die Abenteuer an Rasanz zunehmen. Die hohe Zahl *177* vermittelt sogleich, dass der Leser sich hier an den Takt der Großstadt zu gewöhnen hat: Berlin! In Neustadt, wo *Emil* herkommt, zuckeln nämlich noch Pferdebahnen ihren müden Gäulen hinterher. Neustadt hätte auch Darmstadt heißen können. Doch da hat Kästner schon einmal geflunkert. 1928, als *Emil und die Detektive* erschien, gab es fast nirgendwo im Deutschen Reich mehr eine Pferdebahn, und auch in solchen Provinzstädten wie Darmstadt rollte die Elektrische, zwar auf der Linie 7 und nicht der 177, doch mit dem Komfort von Ledersitzen und jeder Menge Kilowatt an den Achsen.

Der Kreislauf der Stadt

Kästners Imagination – die ja schließlich viele Generationen von Lesern durchströmte – zeigte auch dies: Die Trambahn stand einmal ein für Modernität, so symbolisch, wie es heute weder ICE noch Space-Shuttle tun. Das Schicksal jeder Moderne liegt freilich darin, eines Tages zur Selbstverständlichkeit zu werden. Gerade deswegen braucht es den sensiblen Zeitgenossen, den Dichter, der im Alltag die Ursprünge entdeckt. Etwa in den Streckenkarten, die über den Türen der Stadtbahnen kleben. *Die Zusammenarbeit dieser Netze, der von Adern leicht vergleichbar, sagt gut für die Gesundheit der Stadt. Ihr Blut bewegt*

Haltestelle Schloss, um 1900.

sich darin, durchläuft die Glieder, hält sie belebt, schrieb Kästners Nachfahre Uwe Johnson, und wenn er damit auch die Berliner S-Bahn meinte: Es ist das gültige Wort über alle städtischen Verkehrsmittel.

Verkehrslinien, die den Adern eines Organismus ähneln: So hat sich das Darmstädter Netz von Anfang an entwickelt. Das Herz in der Mitte und die Blutgefäße, die den Gliedern gleich ausgreifen. Lediglich der Mittelpunkt hat sich in den 120 Jahren ein wenig verschoben: vom Schloss fünfzig Meter nach Westen zum Luisenplatz. Schon für die Zeitgenossen der Jahrhundertwende muss das Darmstadt davor, ohne Gaslaternen und Straßenbahn, ohne Normaluhr und Bahnhof recht anekdotisch erschienen sein, ein Theaterschatz, biedermeierlich gefasst im *Datterich.* Als Büchner 1836 seinen *Woyzeck* schrieb, da soll er, neueren Forschungen zufolge, einen Kriminalfall vor Augen gehabt haben, dessen Greueltaten binnen weniger Stunden Spuren an der heutigen Frankfurter Straße, am Woog und tief im Bessunger Forst hinterließen: Dafür hätte der Täter eigentlich die Straßenbahn benutzt haben müssen.

Doch die gab es erst seit 1886 – seit 120 Jahren. Langer Zeitraum – kurzer Zeitraum? Das ist eine Frage der Perspektive. In jenem Jahr war Richard Wagner gerade drei Jahre tot, und seine Musikdramen waren auch für die Darmstädter Hofoper das Avantgardistischste. „Parsifal" durfte seinerzeit außerhalb Bayreuths gar nicht aufgeführt werden. Zur gleichen Zeit tobten in Amerika die Indianerkriege. Die Schlacht zwischen der Armee General Custers und den Sioux von Crazy Horse und Sitting Bull lag gerade zehn Jahre zurück, das Massaker am Wounded Knee würde erst in vier Jahren geschehen. Während dort die transkontinentalen Eisenbahnen den Wilden Westen eroberten, schnaufte in Darmstadt der „Feurige Elias" nach Griesheim und Arheilgen, später auch nach Eberstadt.

Das ist kein Grund zum Lächeln. Vierzig Jahre erst gab es die Eisenbahn, und die Maschinen, die vor den Expresszügen nach Mannheim und Frankfurt, Heidelberg und Mainz dampften, sahen noch recht urtümlich aus. Dass sich diese Technik auch für den Nahverkehr spezifizieren ließ, dass Ingenieure aus dem allgemeinen Prinzip der Dampflokomotive kleine drahtige Kraftportionen auf schmaler Spur ableiteten, war eine große Leistung. In Darmstadt ersetzte der „Feurige Elias" nicht die Postkutsche, sondern die Holzpantinen – wahrlich ein Fortschritt.

Er ist dem Eisenbahnkonsortium des rührigen Berliner Unternehmers Hermann Bachstein zu danken, der die ersten Konzessionen erwarb und umsetzte. 1895 wurde der Betrieb von der neu gegründeten Süddeutschen Eisenbahn (SEG) erworben, die, mit Sitz in Darmstadt, rasch zu einer der größten deutschen Privatbahngesellschaften aufstieg. Sie betrieb Straßenbahnen unter anderem in Mainz, Wiesbaden und Essen, Kleinbahnen in Baden und Thüringen sowie das bis zuletzt überaus populäre „Odenwälder Lieschen". 1954 wurde die SEG aufgelöst. In Darmstadt hatte sie schon seit 1897 Konkurrenz durch die Städtische Straßenbahn, deren erste Linie vom Böllenfalltor zum heutigen Steubenplatz führte, wo sich damals die Stationen der Rhein-Neckar-Bahn (Königlich-Preußische und Großherzoglich-Hessische Staats-Eisenbahn) und der Hessischen Ludwigsbahn, die ein Jahr zuvor von den Staatsbahnen übernommen worden war, befanden.

Zollkontrolle am Waldfriedhof

Das Nebeneinander von „Feurigem Elias" und der kommunalen Elektrischen verlief in täglichem Streit – eine Situation, die das SEG-Direktorat auch andernorts hinnehmen musste. Dabei benutzten im Rechnungsjahr 1910/1911 rund 2,7 Millionen Fahrgäste den „Feurigen Elias". 279 Tonnen Güter wurden transportiert – Gemüse aus Griesheim. Dennoch stand die Bahn auf verlornem Posten. In Darmstadt mündete die Konkurrenz, die sich in der Residenz alltäglich auf den Gleisen in der schmalen oberen Rheinstraße zwischen Schloss und Luisenplatz abspielte, 1912 in die Gründung der Heag. Die neue Gesellschaft übernahm beide Betriebe. Bis zum Ersten Weltkrieg konnte jedoch nur die Eberstädter Strecke elektrifiziert werden. Nach Arheilgen und Griesheim dampfte noch bis 1922 der „Feurige Elias". Nach dem Krieg musste er dabei am Waldfriedhof die Zonengrenze der französischen Rheinlandbesatzung überwinden – ein Abenteuer, das die Museumsbahner mit dem nachgebauten „Feurigen Elias" heute regelmäßig schauspielerisch wiederholen.

Böllenfalltor, 1897: Eröffnung des Straßenbahnverkehrs. Wagen der Reihe ST 0. Die so genannte „Blaue Linie" fuhr von der Taunusstraße zur Hermannstraße.

Straßenbahnen waren damals auch eine Prestigefrage. Aus heutiger Sicht rechneten sie sich in einer Stadt wie Darmstadt eigentlich nicht. In der schmalbrüstigen Residenz hätte man auch laufen oder mit dem Velo fahren können. Dass Darmstadt einmal mehr als hunderttausend Einwohner haben würde, war nicht abzusehen. Allein die Kriege und ihre jeweilige Vorkriegszeit schraubten das Verkehrsbedürfnis hinauf. Sie steigerten Darmstadts Bedeutung als Garnison, und sie waren wichtiger Schub der Industrialisierung.

So wurde auch das Streckennetz der Heag bis in die dreißiger Jahre stetig erweitert. Bei der Fahrzeugbeschaffung verhielt sich das Unternehmen konservativ und zugleich angemessen. Man war kein Pionier der Technik, doch das Material wurde auch nicht zerkaut bis zum letzten Schräubchen. Obwohl viel zerstört war, verhielt sich die Heag auch nach dem Zweiten Weltkrieg so. Neues wurde erst beschafft, wenn es sich anderswo bewährt hatte. So lang reparierte und verbesserte man das Vorhandene. Was jedoch nicht mehr gebraucht wurde, wanderte – leider – ohne große Sentimentalität auf den Schrott. Bis vor kurzem wurden wertvolle Oldtimer zerlegt. Deswegen brachte es die Heag auch nie, anders als vergleichbare Betriebe, zu einem eigenen Straßenbahnmuseum.

Ertappt: Nachgespielte Zollkontrolle, 2002.

Kirchstraße, um 1910: Blick in Richtung Marktplatz.

Das Museum freilich, das existiert in den Köpfen und den Herzen der Darmstädter. Gewiss, die Straßenbahn ist hier nicht in jenem Maß Teil der lokalen Identität wie etwa in Zürich oder Wien – oder wie es einst auch in Berlin einmal war, als dort noch durch nahezu jede Straße die beigen Wagen ratterten und an den Kurbeln Tausende Berliner ihr Brot verdienten. Die Elektrische ist mit dem Stadtbild auch nicht so verwoben, wie es vormals in so vielen Kleinstädten war. Ja, wer weiß das noch? Bis Anfang der fünfziger Jahre hing der Fahrdraht über so manchen pferdeäpfelbesprenkelten Magistralen; drei Wagen, zwei Gleise und ein Elektrizitätswerk genügten. So in Bad Kreuznach, Bingen, Celle, Kleve, Eisenach, Idar-Oberstein, Koblenz, Landshut, Mühlhausen, Pforzheim, Regensburg, Reutlingen, Trier und Worms.

Marktplatz, 1897: Die Tram verkehrt noch eingleisig.

Das Glück der Kinder von Timpetill

Was gehörte dazu? Das Quietschen in der Kurve, das Bimmeln des Schaffners vor der Abfahrt und der sehnsüchtige Blick der Buben auf der Plattform, der dem Mann an den Kurbeln galt. Gern hätte man den gefragt. Doch über dem blau Uniformierten hing das Emailleschild: „Das Sprechen mit dem Wagenführer ist verboten." Sehnsüchte wie diese sind in das legendäre Kinderbuch „Timpetill" des Abenteuerautors Henry Winterfeld eingegangen. Da wird ein Kleinstädtchen, eine Art Kleve in den Voralpen, über Nacht von allen Erwachsenen verlassen. Und am nächsten Morgen müssen die Kinder den Alltag organisieren. Einer der Buben setzt auch die Elektrische in Gang. *Ich drehte die Kurbel auf volle Fahrt. Wir sausten mit höchster Geschwindigkeit durch die Kollersheimer Straße. Vor der Kurve an der Ecke der Langengasse bremste ich, so stark ich konnte, dann ging es wieder mit voller Fahrt in die Langengasse, die von hier bis zum Geißmarkt etwas ansteigt. Kurz vor der Endstation gab ich Gegenstrom, schaltete aus und zog so heftig*

Bessunger Kinder, 1930: Nachwuchs aus den Häusern Ecke Heidelberger und Bessunger Straße.

die Handbremse, dass die Räder quietschten. Wir waren glücklich angelangt.

Mag sein, dass Jungenträume heute anders aussehen. Doch solang der Fahrer noch nicht in einer Kabine von den Passagieren abgeschottet war, solang man ihm bei seiner behenden Arbeit über die Schulter gucken konnte, solang war genau dieser Bemächtigungstraum der aller Jungen: Einmal selbst an der Kurbel stehen. Ich weiß noch meine eigene Enttäuschung, als die Kurbel von dem langweiligen Hebel der Siamatic-Schaltung abgelöst wurde.

Da gab's was zu sehen: Unfall im Juli 1930.

Nicht, dass hier ein Missverständnis entsteht: Die Straßenbahn ist kein Spielzeug für Kinder. Sie hat sich nicht ohne Grund zu einem zeitgemäßen, leistungsfähigen Nahverkehrsmittel entwickelt, das städtische und regionale Bewegungsbedürfnisse konkurrenzlos gut verknüpft. Diese Entwicklung gelang in manchen Städten früher, in Darmstadt eher spät. Viele Städte, die ihre Bahnen zuvor stillgelegt hatten, bedauern dies heute oder installieren ein Schienennetz mit aufwendigen Investitionen neu. Darmstadt hat Glück gehabt – das Glück der Trägheit, denn die allgemeine Diskussion ging auch hier in den fünfziger Jahren zugunsten des Autoverkehrs aus. Heute weiß man, dass in Städten zwischen 100 000 und 500 000 Einwohnern die Trambahn an Effektivität jedem anderen Verkehrsmittel überlegen ist: dem Bus und erst recht der U-Bahn.

„Timpetill" freilich offenbart, dass es neben dem ökonomischen und dem ökologischen noch einen ganz anderen Blick auf die Straßenbahn gibt: den emotionalen, vielleicht auch den sentimentalen. Wo die Schiene liegt, wo das Haltestellenschild steht, da ist Heimat. Dies ist es, worauf die Kindheitserinnerungen zielen – diese zuerst, weil sie unverdorben und unbestechlich sind. „Wenn wir Arheilger Kinder zum Gymnasium in die Stadt fuhren", entsinnt sich Annette Wannemacher, dann geschah das immer in einem Einsatzwagen. Das „E" im Linienkasten hielten sie deshalb für eine nur ihnen geltende Verbindung. „Auf der E liefen immer die ältesten Wagen. Da gab es

Nicht Timpetill, sondern Darmstadt: Ab 1972 fährt im Advent die „Kinder-Bahn" Buben und Mädchen spazieren, damit die Eltern in Ruhe einkaufen können.

ein Problem. Das war die Heizung. Entweder sie funktionierte gar nicht, oder die Heizkörper unter den Stühlen wurden so heiß, dass man sich nicht setzen konnte." Tausende, Zehntausende – wie viele Darmstädter Kinder mögen mit der Straßenbahn zur Penne gereist sein?

Klaus Staat gehörte zu denen, die das Schuldorf Bergstraße besuchten, in den fünfziger Jahren eine beliebte Lehranstalt. „Der Wagen war oft so rappelvoll, dass er es kaum den Malcher Buckel raufschaffte. Oben an der Kuppe kroch der Zug nur noch." Wobei fairerweise gesagt werden muss, dass auf der Linie 8 Drei-Wagen-Züge verkehrten: für die zwei je 65 PS starken Motoren des Triebwagentyps ST 2 in jedem Fall eine ziemliche Anstrengung.

Die größte Anhänglichkeit erzeugten vielleicht jene Linien, die nach dem Krieg stillgelegt wurden. An erster Stelle die Linie 5, die sich bis 1960 durchs Martinsviertel wand. Heute folgen ihr die Gelenkbusse der Linie L. Wenn man deren Versuche sieht, von der Liebig- in die Pallaswiesenstraße einzubiegen oder den Schlossgartenplatz zu überqueren, glaubt man kaum, dass dies einmal Straßenbahnzüge schafften. Doch es gibt unbestechliche Zeugen – die Rosetten. Das sind jene gründerzeitlich verschnörkelten Fassadenanker, an denen einst die Oberleitung befestigt war. Selbst dort, wo die Straßenbahn schon seit einem halben Jahrhundert nicht mehr verkehrt, sind diese Befestigungen noch immer an den Hauswänden auszumachen.

So auch in der Dieburger Straße, durch die bis 1970 die Linie 6 bis zur Fasanerie oder bis zum Oberwaldhaus fuhr. Die Straßenbahn war das Geschenk Darmstadts an meine Kindheit. Ich wuchs an der Dieburger Straße auf, und an trüben verregneten Nachmittagen fieberte ich in meinem Kinderzimmer jedem Kurs entgegen – gelang es doch den Wagen der Reihe ST 6, das Wasser, das sich in den Rillenschienen gesammelt hatte, in hohem Bogen zur Seite zu spritzen. Wie bei einem Feuerwehrauto.

Rückwärts an den Regerweg

Noch schöner war aber ein peinliches Missgeschick der Wagenführer. Zwischen der Brücke über die Odenwaldbahn und der Ausweiche am Regerweg war die Strecke eingleisig. Am Regerweg hatte der Zug von der Fasanerie zu warten, bis der Gegenzug aus der Stadt eingetroffen war. Doch der verspätete sich oft. Gegen die Regel wagte es dann der Fahrer der „6" auf gut Glück, dachte sich, „bis zum Spessartring werde ich es schon schaffen". Pustekuchen. Am Rosenhöhweg kam ihm der Kurs aus der Stadt entgegen. Nun standen die beiden Triebwagen Kopf an Kopf. Der vorwitzige Wagenführer musste zurückstecken, sein Schaffner im Beiwagen Alarm läuten, dann ging es rückwärts und im Schritttempo wieder bis zum Regerweg, wo beide Züge einander passieren konnten.

Später habe ich auf den nach feuchtem Holz riechenden Plattformen der Linie 6 Hausaufgaben gemacht, in aller Eile Mathe und Latein abgeschrieben, und wenn das mal nicht nötig war, an Mitschüler Wiking-Autos verkauft. Meine private Bilanz der Darmstädter Straßenbahngeschichte sieht so aus: Alle Wiking-Autos verloren, von Mathe und Latein nichts behalten. Nur der Geruch nach feuchtem Holz blieb in der Nase, und das Röhren der alten Gleichstrommotoren. Technik nutzt nichts, wenn sie nicht den Menschen dient, und wozu sie den Menschen verhilft, das lässt sich zumeist nur in Gefühlen oder bestenfalls in Geschichten ausdrücken. So ist es auch mit der 120 Jahre alten Darmstädter Straßenbahn.

Das Straßenbahngefühl

Wie aus Klängen und Gerüchen Heimat wird

Barock-Taunus oder Linie 8? Heidrun Kaiser, 17-jähriger Lehrling im Schuhhaus Dielmann, wählt für die Fahrt zur Arbeit die Straßenbahn. Luisenplatz, 1961.

Irgendwann fiel den Meteorologen einmal auf, dass die Leute froren, obwohl die Vorhersagen gar nicht so niedrige Celsius-Grade angekündigt hatten. Gewiss, ein unangenehmer Wind verstärkte die Kälte. Aber warum immer alles kompliziert erklären? Fortan sprachen die Wetterkundler lieber von der „gefühlten Temperatur". Der Bergriff hat alsbald Schule gemacht.

Und was wäre dies, die „gefühlte Straßenbahn"? Wir stehen am Schloss und warten auf eine Bahn zum Böllenfalltor. Die Haltestelle wurde kürzlich umgelegt; statt an der West-, befindet sie sich nun an der Südseite des Residenzschlosses. Ältere sind noch immer sprachlos. Die Haltestelle Schloss war sozusagen die *Station Stadtmitte* seit Inbetriebnahme der Elektrischen, 1897. Sie war immer hier, in Sichtweite des *Weißen Turms,* des Verabredungsorts schlechthin der Darmstädter. Wer sagte, er fahre „in die Stadt", meinte, er steigt hier aus. Hier, am Kaufhaus Rothschild, später Henschel und Ropertz, am „Café Adamant", wie der bis 1944 bestehende Verkehrspavillon genannt wurde. Übrigens, was wenige wissen, nach den Tonerde-Pissoirs der Toiletten im Untergeschoss.

Scherze mit Fahrgästinnen: Heag-Personal vorm Alten Theater, um 1935.

Kann man sich einer solchen Tradition einfach widersetzen? Es wird nur wenig Zeit vergehen und die Darmstädter werden das Gefühl haben, die Tram habe seit je hier gehalten, auf der Südseite des Schlosses, am Marktplatz. Wer wartet, steht, nicht nur im übertragenen Sinn, in der Sonne. Und er hört die Rufe der Marktfrauen: „Madamche, derf's noch wos seu?"

Von den Cafés weht der Geruch nach frisch Gemahlenem und frisch Gebrühtem vorbei. Das eigentliche Straßenbahngefühl beschert jedoch die neue Anzeigentafel. Sie teilt mit: „Linie 2 in 4 Minuten, Linie 9 in 11 Minuten." Und diese Nachricht bündelt wieder die Straßenbahngefühle aller Generationen. *Die Bahn kommt:* Darauf darf man vertrauen. Und seltsam: Obwohl der Bus einige Zeit der Tram überlegen schien – dass man sich auf ihn verlassen könne, diese Gewissheit hat er nie erzeugt. Im Vergleich zur gutmeinenden, wenn auch ein wenig behäbigen Tante Tram schien der Autobus immer so etwas wie der vorwitzige Neffe zu sein, der kecke Gesell, der sich schon mal Unregelmäßigkeiten erlaubt – Kunststück, er braucht sich ja auch nicht an die Spur zu halten! Vom ersten Autobus an, der ab 1927 vom Schloss zum Riegerplatz und vom Roßdörfer Platz zum Botanischen Garten tuckerte, bis heute: Die Wagen, die da verkehrten, haben nie jenen Grad äußerer und innerer Solidität erreicht, den eine „Elektrische" seit je verkörperte.

Das grüne H im gelben Kreis

Und gerade heute, auf den immer schlechter werdenden Straßen Darmstadts, vermitteln die Busse einen anachronistischen Eindruck der Schaukelei, des Gerütteltwerdens: um so mehr, als die Kraftfahrzeuge auch nicht mehr jenen Komfort besitzen, den sie zu ihren besten Zeiten Ende der sechziger, Anfang der siebziger Jahre aufwiesen. Da hat es die Tram leicht, alte Gefühle zu aktivieren. Doch worin ankerten die?

Grünes H im gelben Kreis: Haltestelle Orangerie, 1953.

Gefühle werden weitergeleitet von Sinneseindrücken. Das beginnt mit dem Sehen. Da ist das metallene Band der Schienen; noch in der Nacht, wenn man aus dem Fenster schaut, glänzt es auf der Straße. Früher trat dazu das grüne „H" im gelben Kreis, das dem Städter so viel sagte wie später das weiße „U" auf blauem, das weiße „S" auf grünem Grund. Ein Versprechen. Die Straßenbahn, die durch den späten Abend der Stadt fährt, der müde letzte Fahrgast, es ging in Gemälde ein und Romane. Was wäre Lissabon ohne das Quietschen der „28" in den Kurven der Alfama?

Wo immer eine Straßenbahn verkehrte, ging sie eine ungewöhnlich enge Beziehung ein zu dem Ort, den sie durchquerte, und zu den Menschen, die sie mitnahm. Die schönste Novelle Italo Svevos schildert die Liebe eines älteren Herrn zur jungen Wagenführerin, die, es ist Krieg, ihre männlichen Kollegen vertreten muss. Die Geschichte spielt in Triest, wo noch heute beseligende Oldtimer die Flanken des Karsts überwinden, um nach Opicina zu gelangen.

In jeder einzelnen Straßenbahn ist die Gesamtwelt aller Straßenbahnen aufgehoben. Das klingt merkwürdig, unwahrscheinlich, doch genauso ist es. Im Gegensatz zur von Konkurrenz bestimmten Welt der Automobile hat es bei der Entwicklung der Straßenbahnen eine bereitwillige Aufnahme aller von allem gegeben – nicht einmal der Eiserne Vorhang war da ein Hindernis. In den ersten zwanzig Jahren des neuen Verkehrsmittels flossen alle Entwicklungen aus allen Ländern überall zusammen; es gab einen gemeinsamen Systemfortschritt, der noch im kleinsten Städtchen des Deutschen Kaiserreichs der rumpelnden Tram einen Stromabnehmer internationaler Bauart bescherte. Elektrizität war universell. Und nach 1945 waren es die seinerzeit fortschrittlichsten Straßenbahnen der großen US-Städte wie Los Angeles und New York, die *PCC-Wagen,* die sowohl von der Formgebung wie von der Technik stilbildend für den gesamten Wagenpark des Ostblocks wurden – und auf diesem Umweg auch den Westen Europas erreichten. Die schrägen Frontscheiben der *PCC-Wagen:* In Darmstadt wurden sie ab 1961 Alltag.

Weltläufigkeit ist das eine – und das andere ist die eindrückliche Fähigkeit, Heimat zu vermitteln, die den Straßenbahnen eignet. Moderne Verkehrsbetriebe haben sich diese Eigenschaft längst zunutze gemacht, daraus eine gewinnbringende *Corporate Identity* geschaffen: in Deutschland zum Beispiel Karlsruhe und Freiburg, jenseits der Grenzen Zürich und Basel. Das Trambahngefühl, worin besteht es? In den zuletzt genannten Städten natürlich aus dem Genuss des Komforts, den die Betriebe ihren Nutzern gönnen. In Deutschland ist die Vorstellung, eine Straßenbahnfahrt möge angenehm sein, eher selten. Man denke daran, wie exotisch sich die Ledersesselwagen auf der früheren Bonner Linie 3 oder gar die Speisewagen in Düsseldorf, Duisburg und Krefeld ausnahmen.

Es wäre ungerecht, den Verkehr der Heag an solchen Beispielen zu messen. Die Straßenbahn hat in Darmstadt nie jene

Wo Gleise liegen, darf man darauf vertrauen: Die Bahn kommt. Rheinstraße, am Kaufhof (links), 1959.

Rolle gespielt wie in Großstädten, wo jede Straße ihre eigene Linie hatte, auch nicht wie in jenen Kleinstädten, da die „Bimmel" so viel Identität erzeugte wie die schiefe Kirchturmspitze oder das versalzene Schnitzel des Ochsenwirts. Als Darmstadt zum Bewusstsein kam, dass es eine Stadt sei, war die Straßenbahn eben schon da, und so blieb es.

Zigarettenstummel zwischen den Rippen

Die sinnliche Qualität der Darmstädter Straßenbahn offenbart sich daher eher auf den zweiten Blick. Der tiefe Ton des Motors begleitet die Erinnerung an die früheren Zweiachser. Das Knarren der hölzernen Flanken, das Flackern der Glühbirnen, die damals den Fahrgastraum erleuchteten, das Zuschnappen der schweren Schiebetüren, die Glocke, die ertönte, wenn der Schaffner an der Leine zog, die Reklame für „Imi" und „Ata", die Zigarettenstummel auf dem Fußboden zwischen den hölzernen Rippen, das Knistern der trommelförmigen Heizungen unter den Holzsitzen, die Versuchung, am Handbremsrad im Beiwagen zu drehen.

Die gefühlte Straßenbahn – sie ist also auch die erinnerte Straßenbahn. Da kommt es nun auf Typen und technische Entwicklungen nicht mehr an; ja, es wird niemand sagen – „ich fuhr mit dem Wagen 61, Reihe ST 3, bis zum Schloss, um im Unionkino ‚Doktor Schiwago' zu sehen". Doch der Kinogänger weiß noch heute: Es war die Straßenbahn für den Weg zum Film, er entsinnt sich des milchigen Lichts im Wagen, des „Ratsch-ratsch", mit dem der Schaffner das Billett ausstellte. Wir wollen es gut sein lassen, keine weiteren Verkehrsanlässe aufzählen, nicht die Fahrt zu Merck, die so viele Tausende jeden Tag hin und zurück absolvierten, nicht die der Schüler zu all den Realschulen und Gymnasien. Dass für die Landkinder das *Erlebnis Stadt* mit dem Augenblick begann, da sie in die Straßenbahn umstiegen, ist ein anderes Thema.

Von überschwenglicher Liebe der Darmstädter zu ihrer Straßenbahn ist nichts bekannt. Allein, wenn man ausstieg, wenn die Tram sich langsam entfernte, wenn das Heulen der Motoren leiser wurde, dann wusste man doch: In einer Viertelstunde kommt die nächste Bahn. Und so ist es noch heute.

Konkurrenten seit Jahrzehnten: Kreuzung Rheinstraße/Neckarstraße, 1962.

Susi und Strolch

Mit der Sechs durch die sechziger Jahre

Warum quietscht die Straßenbahn? Man kann in Fachbüchern nachschlagen, und es ist erstaunlich, mit welcher Ernsthaftigkeit und Gründlichkeit Wissenschaftler diesen Fragen nachgegangen sind. Physiker, Materialwissenschaftler, Mathematiker, Eisenbahnkundler. Dem Fahrgast könnte diese Begleiterscheinung des Unterwegsseins eigentlich egal sein, Hauptsache, er kommt pünktlich ans Ziel. Anders ist es mit den Anwohnern, Menschen, die an einer Kurve wohnen. Denen mag das Quietschen lästig werden. Und ist die Straßenbahnlinie eingestellt, fehlt es ihnen doch.

Die Erklärung für das Geräusch, das davon kündet, dass Metall an Metall reibt, geht so: Über Jahrzehnte hinweg ruhte der Straßenbahnwagen auf zwei Achsen mit zusammen vier Rädern. Die Räder sind mit der Achse fest verbunden. Fährt die Bahn in eine Kurve, so wird die Strecke für die Räder ungleich lang, denn die Innenschiene des Bogens ist kürzer als die Außenschiene. Eigentlich müsste sich das äußere Rad öfter drehen können als das innere – aber das geht eben nicht. So wird in Kurven immer ein Rad etwas mehr rutschen als rollen.

Dazu kommt, dass die Radien von Straßenbahnkurven viel enger sind als jene der Eisenbahn und die Zweiachser zuletzt einen relativ großen Radstand hatten. Deswegen kratzte der Radkranz – also die Scheibe, die das Rad in der Spur hält –, an der Kante der Rillenschiene. Aus beidem folgt das Quietschen, das übrigens nicht nur in den Ohren gellt, sondern auch für eine vorzeitige Abnutzung des Fahrwegs sorgt.

Früh schon fanden Konstrukteure dafür den Ausweg des Drehgestells. Der Wagen stützt sich nicht auf zwei, sondern auf vier, sechs oder gar acht Achsen ab, die jeweils zu Zweiergruppen zusammengefasst und beweglich im Rahmen gelagert sind. So wurden auch Gelenkwagen möglich, die in Darmstadt seit 1961 verkehren. Zur Überraschung aller wurde das Quietschen nun zwar seltener – doch verschwunden ist es bis heute nicht.

Die quietschendste aller Darmstädter Kurven befand sich bis 1978 an der Stadtkirche. Die Straßenbahn umrundete das älteste Gotteshaus der Stadt – ursprünglich eine Marienkapelle – um fast neunzig Grad. Ob die Gemeinde es begrüßte, dass die Kurve verschwand, ist nicht bekannt. Denn an die Stelle der Straßenbahnkurve trat der Cityring, der die gotische Kirche

Die Zauberbahn: Linie 6 fuhr durch den Wald.

architektonisch an den Rand einer Betonpiste und in den Staub- und Lärmwirbel des Fernlastverkehrs drängte. Seitdem ist es dort eher ungemütlich.

Das Jaulen am Taunusplätzchen

Die Straßenbahn ging ein wenig in die Knie, wenn sie die Stadtkirchenkurve nahm. Die Straße war dort bis zuletzt gepflastert. In der Kurve lagen schöne, gediegene Läden, zum Beispiel das Möbel-Antiquitätengeschäft Fratschner. Dazwischen führte ein Treppchen neben Blumenbeeten hinab zum Justus-Liebig-Haus. Eine der gelungensten Stellen des Darmstädter Wiederaufbaus nach dem Krieg. Wenn die Zwei oder die Drei – diese beiden Linien verkehrten hier – die Stadtkirche passiert hatten, kam schon der Markt in Sicht. Die Straßenbahn fuhr diesen Weg fünfundachtzig Jahre lang. Linker Hand lagen das Herrenmodegeschäft Stegmüller, das Schuhgeschäft Brackelsberg, das Fisch- und Delikatessengeschäft Fertig, das Café Bormuth, das Kaufhaus Henschel und Ropertz. Rechter Hand unter anderem die Lebensmittelfiliale Schade & Füllgrabe, in deren Auslage mal ein Straßenbahnanhänger stürzte.

Hau-Ruck: Gleisarbeiten unterm rollenden Rad, 1962.

Gequietscht hat es auch andernorts. Natürlich auf der Linie Fünf, die von allen Strecken die engsten Kurven besaß. Aber auch auf der Sechs. Am Taunusplätzchen, also dem oberen Ende der Taunusstraße, wo sie in die Dieburger Straße mündet, war stets ein kurzer Jauler zu hören. Deutlicher gab die Bahn Laut, wenn sie unten an der Alexanderstraße in den Schlossgraben einbog. Diese Stelle ist, nebenbei, für die Einstellung der Linie 6 verantwortlich. Ende der sechziger Jahre wurde dort viel gebaut. Das so genannte Schlosscafé (Möbelhaus „Funktion"), um dessen Abriss heute gestritten wird, entstand, ebenso die Verwaltung der Technischen Hochschule (heute Technische Universität). Zu dem schmucklosen Hochhaus am Karolinenplatz sollte eine Tiefgarage gehören. Rampe und Einfahrt wurden errichtet, die Garage selbst nie, was damals aber keiner ahnte. Im Zuge des Baus hätten die darüber hinwegführenden Gleise der Linie 6 erneuert werden müssen – die Heag verlangte von der Stadt, dass sie die Kosten trüge, die sagte nein, und kurzerhand verschwand die Sechs von der Bildfläche. So war das damals.

Die Dieburger Straße hinauf verlief die Sechs in sanftem Zickzack. Autofahrern galt die Tram als Verkehrshindernis. Darüber lächelt man heute. Heute sind die Autofahrer selbst das Verkehrshindernis. Und die trägen Busse der Linie F stecken genauso mittendrin, wie man es seinerzeit der Straßenbahn vorwarf. Nur dass der Verkehr insgesamt viel dicker, verklebter geworden ist, zudem noch unter vielen in der engen Straße haltenden Last- und Lieferwagen sowie dem Zustrom zum Alicehospital leidet.

In den sechziger Jahren herrschte dort noch ein anderer Takt. Das Automobil teilte sich das Pflaster mit allen anderen Verkehrsteilnehmern, es genoss aber auch Privilegien. So gab es noch zwei Tankstellen in der Straße, Shell unten an der Magdalenenstraße, Esso oben am Spessartring. Zu jener Zeit war die Nachfrage nach Sprit eher mäßig. Die Konzerne buhlten um die Chauffeure. Und so wurde mit kleinen Geschenken geworben. An der einen Tankstelle erhielt man Sets mit Kunstdrucken von Oldtimern und Raddampfern, an der anderen feine tiefgedruckte Blechschildchen mit Nummernschildern aus aller Welt, die die Söhne motorisierter Väter dann auf den Schulhöfen tauschten: Monaco gegen Arizona, das war ein guter Handel. Österreichschilder, banale weiße Schrift auf schwarzem Grund, ohne jedes Wappen, waren Ladenhüter.

Auch in der Straßenbahn wurde getauscht, gefeilscht, beschissen. Die Zeit, die eine Reise dauerte, war gegeben; seltsam, dass niemand darunter litt, dass es nicht schneller voranging. Eine Straßenbahnfahrt war jedenfalls Zeitgewinn und nicht Zeitverlust. Für den Schüler boten sich in der Tram freilich nur zwei Aufenthaltsorte an: Entweder man ergatterte den Platz gleich hinter dem Fahrer (vor allem später bei den Gelenkzügen), oder man begnügte sich mit der hinteren Plattform. Was dazwischen lag, das – naja, das war für die Erwachsenen. Da wollte man nicht hin; heute würde man sagen, dort war es „uncool". Gehandelt wurde mit Mickeymausheftchen, Indianerfiguren, Matchbox- und Wikingautos. Seltener gab es Ware gegen Geld. Das Geld ging dann in der Großen Pause für „Weberkuchen" am Kiosk vor dem Gymnasium drauf.

Was die Erwachsenen in der Straßenbahn machten, blieb dabei ausgeblendet. Lasen sie Zeitung? Politisierten sie? Das ist uns nicht aufgefallen. Hintere Plattform hieß im übrigen: Motorwagen. Auf der Sechs wie auf den meisten Linien verkehrten zu normalen Zeiten Zweiwagenzüge. Mit nur noch zwei Mann Personal – der Hänger war schon „nur für Zeitkarteninhaber", so die Aufschrift. Vorne spürte man eben mehr vom „Drive", Motor und Macht. Wenn man im Hänger fuhr, schaukelte man so hinterher und drehte, in der ganzen Langeweile des Jungseins, fad am Handbremsrad herum. Rätselhafterweise ließ sich die Bremse vom Fahrgast nicht aktivieren.

Vorn dagegen hatte die zweite Plattform noch eine andere Attraktion: den ungenutzten Fahrerplatz. Knöpfe und Schalter waren durch eine Rolljalousie ähnlich wie der von Aktenschränken verborgen, die Kurbel war abgezogen und der speckig-lederne Fahrersitz hochgeklappt. Dennoch konnte man das in der knabenhaften Phantasie ganz leicht träumerisch umlenken, sich in diesen Sitz hineindenken, eine rasante Reise über diese und fernere Gleise beginnen.

Rein in die Rille, raus mit dem Dreck: Schienenputzer Gustav Sturm, 1962 in der Rheinstraße.

Wie in der Waschküche

Den besten Augenblick dafür bot die Fahrt über die Brücke der Odenwaldbahn. Obwohl Tram und Eisenbahn in Darmstadt viele Berührungspunkte haben, fährt diese über jene nur an drei Stellen hinweg: am Hauptbahnhof (Rheinstraße), am Nordbahnhof (Frankfurter Straße) und am Ostbahnhof (Dieburger Straße). Heute ist der Martin-Luther-King-Ring hinzugekommen, mit der Straßenbahn nach Kranichstein, dafür gibt es die Linie Sechs nicht mehr. Doch damals war die Brücke über die Odenwaldbahn am Spessartring ganz besonders attraktiv, denn hier hatte die Straßenbahn eine Haltestelle – und zwar eine, an der man manchmal länger stand. Und wenn dann unten der vom Odenwald kommende Zug ausfuhr – ein Dutzend Wagen, geführt von einer Dampflok der Baureihe 50 oder 65 – dann wurde die ganze Brücke und damit die Linie Sechs in eine weiße Wolke gehüllt. Es roch, nein duftete nach Waschküche. Minutenlang war weder in noch außerhalb der Straßenbahn etwas zu erkennen. Bei den älteren Herrschaften liefen sogar die Brillengläser an.

Ich liebte diesen Augenblick und sehnte ihn herbei. Die Straßenbahnhaltestelle war mitten auf der Brücke; rechts ging es einige Stufen hinab in die August-Buxbaum-Anlage. Ein schöner Park; Treppen und Terrassen trennten die Trassen. Bis 1945 musste er den Namen eines Nazigauners tragen; noch heute kann man an der ehemaligen Straßenbahnhaltestelle ahnen, wo das Hakenkreuz saß. Anschließend wurde der Garten nach dem ehrenhaften Kommunisten Georg Fröba benannt, einem Darmstädter Stadtverordneten, den die Nazis umbrachten. Doch diese Erinnerung war man 1961 leid, seitdem weist der Park auf Buxbaum hin, den Bürgermeister und Architekten, der nach dem Ersten Weltkrieg diesem Viertel Gestalt verlieh.

Bevor die Straßenbahn wieder anruckte, hatte sich der Dampf verzogen. Es ist eine seltsame Pointe, dass das Ende für beide im selben Jahr kam: 1970 wurden in Darmstadt die letzten Dampfloks ausrangiert (und einige davon noch nach Aschaffenburg umbeheimatet); 1970 musste auch die Linie Sechs dran glauben. Schön war die Strecke auf ihrer ganzen Länge. Die Windungen im mittleren Abschnitt, vom „Café Papenfuß" bis zur Kittlerstraße, hatten ihren Reiz, zumal hier wenigstens noch ein bisschen Vorkriegs-Darmstadt stehen geblieben war, auf hohen efeuüberrankten Mauern lehnten düstere Villen, in denen geheimnisumwitterte Studentenverbindungen ihren verschwörerischen Ritualen nachgingen. Ein Hauch von Heidelberg, sozusagen; so ist es noch heute, wenn auch die Fassaden Runzeln tragen und die toskanischen Pflanzkübel vom Frost gesprungen sind.

Jenseits des Spessartrings konnte der Fahrer noch einmal loslegen und einen halben Kilometer Dieburger Straße heulend und mit dem Höchsttempo (45 Kilometer) hinaufbrummen. Am Regerweg wurde in der Regel rangiert, der Beiwagen abgehängt, den der Triebwagen in Richtung Stadt dann wieder mitnahm. Der romantischste Abschnitt folgte zwischen der Station Hirschköpfe und dem Oberwaldhaus; das Trassee lag am Waldsaum neben der Chaussee, die Oberleitung hing an altmodisch geschwungenen Auslegern; durch die Wagen wehte der Duft von Fichtennadeln, und am Ziel lockten Langneseeis, eine Bootsfahrt auf dem Steinbrücker Teich und Ponyreiten.

Dieser Idylle standen die Ruinen Richtung Innenstadt entgegen, auch noch Ende der sechziger Jahre. Da war einmal der Breitwiesenberg, ein hochherrschaftlicher Besitz, von der Straße getrennt durch die noch heute bestehende Platanenreihe. Die Trümmer des zerbombten Herrenhauses wurden leider weggeräumt, der legendäre Park parzelliert und in Dutzende Grundstücke des heutigen Komponistenviertels aufgeteilt. Nur das einstige Gästehaus existiert noch – im Brahmsweg, behutsam saniert durch die neuen Besitzer, das Architektenehepaar Volker Freischlad und Brigitte Holz.

Trüber sah es wenige hundert Meter weiter aus. Bis zur Jahrhundertmitte war die Gegend zwischen Woog und Mathildenhöhe ja das Darmstädter Brauereienviertel gewesen. Ein Traum für Bierfreunde. Als die Linie Sechs in den letzten Zügen lag, gab es immerhin noch die Ausflugsgaststätte Ritter mit einem herrlichen Kastaniengarten (an der Einmündung des Fiedlerwegs in die Landgraf-Georg-Straße, Endschleife der Straßenbahnlinie 9), das teilzerbombte Gelände an der Dieburger Straße, das damals schon vom Eichbaumkonzern übernommen worden war sowie anschließend der Brauturm des Wiener-Kronen-Bräus und der Biergarten, erster und immer noch Darmstadts berühmtester.

Auch dahin fuhr man mit der Sechs. Der Biergarten erhebt sich über alten und sehr tiefen Gewölbekellern. Die Mauern zur Straße blieben auch dort stehen, wo ehemals die Eichbaumbrauerei war. Hinter fest verrammelten Toren geht es dort heute noch in die Tiefe; hin und wieder lädt Nikolaus Heiss, der Leiter des Denkmalschutzamts, dort zu gruseligen Führungen ein. Gruselig auch deshalb, weil die Brauereikeller in den Bombennächten 1943/44 vielen Bewohnern der Mathildenhöhe und des Martinsviertels als Zuflucht dienten. Dort waren sie zwar sicher, doch als sie wieder ans Tageslicht kletterten, fanden sie ringsum alles zerstört vor. So auch die Brauereidirektorsvilla, in deren nur notdürftig wieder hergestellter Hülle noch fünfund-

Der Wiederaufbau beginnt: Haltestelle Schloss im Dezember 1952 mit dem neuen „Henschel und Ropertz“. Das Rathaus ist noch Ruine (oben). 14 Jahre später: Das Rathaus steht wieder, der Autoverkehr hat mehr Platz. Noch kann man in die Ernst-Ludwig-Straße einbiegen (unten).

zwanzig Jahre später der Eichbaum-Chef mit seiner Familie wohnte. Der Filius genoss wegen des abenteuerlichen Ambientes unter seinen Mitschülern einigen Respekt; an ihn habe ich meine schönsten Spielzeugautos verloren. Der Knabe, Henning mit Namen, wurde später übrigens nicht Bierbrauer wie sein Vater, sondern Oldtimerhändler. Er ergriff diesen Beruf am Tag seines achtzehnten Geburtstags. Damals hatte er in einem Gärtchen an der Pankratiusstraße einen Opel Olympia von 1949 entdeckt. Er kaufte ihn einer alten Witwe für einen Kasten Export ab. Nun musste er irgendwie nach Hause geschleppt werden. Henning organisierte einen VW-Pritschenwagen der Brauerei; der Oldtimer, mit platten Reifen, wurde angekuppelt und aufs Oberfeld geschleppt. Dort, es war Winter, blieb die Fuhre auf Glatteis hängen. Weil die anderen Kameraden stärker waren und schieben konnten, musste ich, der Vierzehnjährige, ins Cockpit steigen und lenken. Der Abschleppdienst landete, unweit vom Spanischen Turm, im Graben.

Kaum war die Sechs stillgelegt, wurde auch die Bierbraueidirektorsvilla abgerissen und jene geistlosen Zeitgenossen, die man seinerzeit noch nicht Investoren nannte, ließen dort, am Fuß der Mathildenhöhe, den hässlichsten Hochhauskaktus Darmstadts in die Höhe schießen. Wer heute im F-Bus sitzt, schließt die Augen, fährt schnell dran vorbei und schämt sich.

Bienenstich vom Papenfuß

Die Sechs dagegen hatte viele schöne Momente. Ein Höhepunkt war die Bäckerei am Taunusplätzchen. Dort gab es eine Nascherei namens „Amerikaner". Kegel aus flauschigem, wenn auch langweiligem Teig, an der Tellerseite alternativ mit Zucker- oder Schokoguss überzogen. Was war nun besser? In meinem Elternhaus waren Süßigkeiten nicht erlaubt, doch Professor Doderer, der den Kunstunterricht einiger Kinder im Landesmuseum finanzierte, gab Groschen dazu – Groschen für die Heimfahrt mit der Sechs, um genau zu sein, und wenn man die Dieburger Straße zu Fuß heimlief, hatte man Geld fürs Gebäck.

Halben Wegs freilich war da noch etwas anderes. Das Thalia-Theater. Hamburger und alle anderen Gebildeten sagen, die Muse meinend, Tha–lie-a. Der Darmstädter sagt, beziehungsweise sagte, „Thál-ja". Nun, es war ja auch ein Kino. Gegenüber vom Café Papenfuß (dessen Bienenstich und Eclairs zu loben waren) ein feines Haus, da nicht in der Innenstadt, etwas abgehoben von all zu gemeinen Vergnügungen, ein großer Saal mit noblem Foyer. Auch dessen Schicksal jedoch war mit der Sechs verknüpft. Gleich nachdem die Straßenbahnlinie stillgelegt wurde, rückten auch beim Thalia die Bagger an. Das Foyer wurde eingerissen, der Zuschauerraum ging in einem öden Edekamarkt auf. Fünfunddreißig Jahre später empfinden auch Menschen, die die Vorgeschichte nicht kennen, diesen Ort als städtebauliche Wunde.

Wer hat das damals erlaubt? Wer war so unsensibel? Überhaupt – wer hat zugelassen, dass eine Heimat, die ohnehin von den Narben des Kriegs so schwer gezeichnet war, kaum, dass der Wiederaufbau seine heilenden Pflaster darüberlegt hatte, erneut so schwer verletzt werden durfte? Man würde die Stadtplaner von damals gern zur Rede stellen. Allein sie genießen längst ihre Pension. Man mag sich damit trösten, dass aufmerksame Bürger Schlimmeres verhindert haben. Schließlich hätten die Verunstalter von damals, die gedankenlosen Planer, die auch die Sechs aufs Abstellgleis schickten, am liebsten eine Autobahn übers Oberfeld gelegt und eine zweite als Stadtautobahn noch dazu quer durchs Martinsviertel. Bäume wurden deswegen schon gefällt und eine Reihe Häuser, die den Krieg überdauert hatten, abgerissen.

Die Linie 5 und die Linie 6 haben den Autowahn nicht überdauert. Wäre es anders gekommen, so würde zumindest die Sechs als Straßenbahnlinie heute noch betrieben. Anfang 1970 machte man noch Versuche mit den sechsachsigen Gelenktriebwagen – sie konnten einander in dem engen Straßen-

Hauptbahnhof, 22. August 1970: Letzte Fahrt der Linie 6.

zug nicht überall begegnen, doch das können die Autobusse auch heute noch nicht. Die Linie 5 dagegen hätte wohl unter keinen Umständen überlebt. Oder sagen wir so: Auch heute wäre die Zeit für eine solche Verbindung auf Schienen noch nicht (wieder) reif. Das klingt seltsam, denn der Verkehr mit Omnibussen bringt gegenüber der Straßenbahn ja keineswegs Vorteile.

Stillgelegt wurde die Fünf, die einst an Johanneskirche und an St. Elisabeth vorbeirumpelte, weil sie um 1960 schlichtweg als anachronistisch erschien. Es gab damals keinen nostalgischen Mehrwert. Gleise und Wagenmaterial waren abgenutzt, hier liefen noch Waggons mit offenen Bühnen, mit neckischen Scherengittern, die bei der Abfahrt eingehängt wurden. Niemand hätte zu dieser Zeit Geld für eine Erneuerung gegeben. Da galt der Bus einfach als praktischer. Er kam zwar auch nicht leichter um die Kurven; ihm zuliebe brauchte die Heag aber auch keine Schienen und keine Oberleitung zu bezahlen. Und die Unterhaltung der Straße war Sache der Stadt. Damals das Hauptargument, wenn Straßenbahnen zu verschwinden hatten.

Und mit Schienenstrecken, das darf man nicht vergessen, war damals kein Staat zu machen. Einweihung eines neuen Bahnhofs – sowas gab es nicht. Politiker ließen sich fotografieren, wenn man eine Eisenbahnstrecke losgeworden war. Ein Stück Fortschritt. So wurde auch das Ende der Fünf verbucht, 1960. Zehn Jahre später, beim Ende der Sechs, war es schon anders. Zum einen kam die Einstellung dieser Linie ohne Not, zum anderen lag bereits der Bericht des „Clubs of Rome" in der Luft, „Das Ende des Fortschritts", der 1972 erschien, und als 1973 die erste Ölkrise eintrat (Stichwort Sonntagsfahrverbot), da sannen bereits manche darüber nach, ob die Priorität des Autos wirklich der richtige ideologische Wegweiser war. Aus heutiger Sicht hätte die Sechs nicht eingestellt werden dürfen.

Vom Regerweg aus waren es drei Haltestellen. Drei Stationen bis zur Stiftstraße. Zum Glück hat die Heag noch nicht bemerkt, dass sie diese Haltestelle längst hätte umbenennen müssen. Etwa in „Alicehospital". Als in den siebziger Jahren die Pützerstraße bis zur Landgraf-Georg-Straße durchgebrochen und damit zu einer Hauptverkehrsachse gemacht wurde, verlor die Stiftstraße

Schlossgraben, 26. September 1961: Der erste Gelenktriebwagen (Baureihe ST 7) wird in Betrieb genommen.

Abschied vom Alltag: Linie 6 an der Haltestelle Regerweg, wo es eine Ausweiche gab. August 1970.

ihre ursprüngliche Bedeutung als Nord-Süd-Verbindung, wurde Einbahnstraße, und dann ganz abgehängt – heute ist sie nicht viel mehr als die Einfahrt zu den Kinderkliniken Prinzessin Margaret. „Stiftstraße" aber ist geblieben, und zu Sechs-Zeiten hieß das, wie erwähnt: Thalia-Kino. Für Kinder war Kino eigentlich tabu, weil abends (Fernsehen zu Hause gab es sowieso nicht); doch dafür wurde ja die „Matinee" eingerichtet.

Und am Sonntagvormittag lief dann also „Susi und Strolch". Mein Spielkamerad Hans und ich erhielten Geld für Kino und Tram, wir fuhren die drei Haltestellen entlang, und wir taten es in höchster Aufregung, denn für uns war es die erste Straßenbahnfahrt ohne Begleitung – vom Film ganz zu schweigen. Wäre es nur Winnetou gewesen! Mit Zugüberfall! Aber in „Susi und Strolch" tropften die Tränen auf kuschlig-flauschene Hündchenohren, und tiefer hatte Walt Disney den Sehnsuchtsblick des Wauwaus nie gemalt. Liebesnacht in der Hundewelt, in die seidenen Falten des Kinosaals und das rauschende Raunen des Symphonieorchesters gebettet. Ich war sehr traurig, und sehr verwirrt, als ich aus dem Kino kam. Hans sagte gar nichts. Wozu Kino? Wozu musste es eine so schmerzliche, so ganz andere Welt geben als die hier, vor uns und um uns?

Das Kino blieb mir fremd. Doch die Sechs, die von der Stadt die Dieburger Straße heraufröhrte, die war vertraut. Keine weinenden Hunde. Altes Holz, schummrige Glühlampen, ein bimmelnder Schaffner und starke Motoren. Das war besser als Zeichentrickfilm.

Ausbessern, solange es geht: Schreiner in der Werkstatt am Böllenfalltor, 1962.

Kimmdse? Sie kimmd!

Die „Ellebembel“: Erinnerungen der Darmstädter

Erste Liebe Linie 5

Wir waren jung und verliebt. Aber damals konnte man nicht einfach in die eigenen vier Wände ziehen. Das abendliche Abschiednehmen dauerte dann mitunter recht lange. So kam es immer wieder vor, dass wir noch schmusend in der Erbacher Straße vor der Haustür standen, wenn das Abschellen der letzten Straßenbahn erklang, die von der Endhaltestelle am Ostbahnhof zurück in die Stadt fuhr. Dann rannte ich wie ein vergifteter Affe zur Landgraf-Georg-Straße. Dort schaffte ich es meistens noch mit einem Sprung auf die offene Plattform des Anhängers. Die Reaktion der Schaffnerin reichte von einem „Ei, wo kimmsd du dann her – äwe, wie ich abgeschelld hab, woars-de doch noch goar-ned do?“ bis zum barschen „Uf dich häwwisch schunn gewadd!“ 1958 habe ich mir dann eine Vespa gekauft.

Heinz Kredel

Die Haltestelle der Fünfer befand sich vor der Bäckerei von Wilhelm Weber am „Dicken Baum“, einer mächtigen Platane, um deren Stamm herum eine Bank aufgestellt war. Hier saßen die alten Watzeviertler und beobachteten das an- und abreisende Publikum. Die Fünfer fuhr also einmal „de Bäcker Wäwer nunner“ und auf dem Rückweg „de Bäcker Wäwer enuff“. Mit einem Quietschen legte sie sich dann in die Kurve vor der Endstation in der Liebfrauenstraße. Mit den Ausrufen „Kimmdse?“ – „Sie kimmd!“ endete so mancher Besuch, und die letzte Kaffeetasse wurde noch rasch geleert.

Rainer Hubertus

Das Umhängen der Wagen am Café Petermann, halbstündig, war interessant. Als junges Mädchen guckte man immer, wer ist heute auf der Fünfer, man kannte ja die Straßenbahner, meist waren es dieselben. Auch schwärmte man vom Fahrer, vom Schaffner, da waren immer junge Burschen dabei. Wir Lehrmädchen beim Metzger Blumenschein warteten schon gespannt. Zum Frühstück kam dann schnell ein Straßenbahner rübergelaufen und holte ein Stück Wurst. Geschäkert wurde ein bisschen, mit roten Ohren.

Erika Kreisel

Es war im Sommer 1930, ein Erlebnis, das ich bis heute nicht vergessen habe. Mit einem randvollen Gemüsekorb, in dem auch Eier, Butter und Handkäs verstaut waren, stiegen wir am Schloss in die Linie 5, ein Einzelfahrzeug mit offener Plattform und durchgehenden Sitzbänken links und rechts. Am Mathildenplatz passierte das Malheur, dass es plötzlich rumpelte und quietschte und der kleine Wagen bedenklich schwankte! Mit einem polternden

Gut in Fahrt: Schaffner Ernst Dörr auf der Linie 5, 1952 an der Haltestelle Beckstraße aufgenommen.

„Rrrummms“ sprang er schließlich aus den Gleisen und stand dann kurz vor der Seufzerbrücke des Gerichts quer auf der Straße. Ein Hufeisen hatte auf den Schienen gelegen – damals gab es ja noch viele Pferdefuhrwerke. Zu Schaden gekommen war niemand, doch wie sah es im Wagen aus! Kartoffel, Äpfel, Birnen, Tomaten, Zwiebel, Gemüse, Handkäs und Butterballen, gekrönt vom glitschigen gelben Eierbrei! Unfreiwillig stiegen wir mit einem leeren Korb aus. Am nächsten Tag stand die Sache in der Zeitung; meine Mutter schnitt den Bericht aus und präsentierte noch lang unser Schreckerlebnis beim Kaffeekränzchen den Verwandten.

Elfriede Weber

Ich wohnte in der Barkhausstraße, ganz in der Nähe der Endhaltestelle der Linie 5 an der Heinheimer Straße. Für uns war es ein Abenteuer, dort zu sein, wenn die „Elektrisch“ kam. Die fuhr in eine Ausweiche, um den Triebwagen an die andere Seite des Anhängers zu rangieren. Dazu musste ein Stahlbolzen, der die Fahrzeuge verband, auf die andere Seite des Anhängers getragen werden. Wenn der Schaffner gute Laune hatte, durften wir Knirpse stolzgeschwellt diesen sakrisch schweren Bolzen um den Anhänger herumtragen. Dann stocherte der Schaffner mit einer Eisenstange in den Weichen herum, um diese umzustellen. Dem Schaffner baumelten dabei Fahrscheintasche und Münzbehälter am Körper herum, was für uns Lausbuben ein Grund war, ihn glühend zu beneiden. Dann durften wir noch zusehen, wie der Wagenführer seine Steuerkurbel von hinten nach vorne brach-

Linie 5, 1959: Kreuzung von Zeughaus- und Luisenstraße. Das Haus links ist bis heute nicht aufgebaut.

te und auf den Steuerkasten aufsteckte. Das war das Ende des Abenteuers, die Fahrgäste stiegen ein und mit Klingeling fuhr die „Elektrisch" ab. Wenn wir Glück hatten, winkte uns der Schaffner noch mal zu. Wir brauchten weder Computer noch Gameboy, die „Fünfer" vertrieb uns die Zeit.

Werner Jostmeyer

Die 5er fuhr damals, wie heute der L-Bus, die Liebigstraße entlang und bog dann in einer sehr scharfen Kurve in die Pallaswiesenstraße ein, dabei musste sie ihre Geschwindigkeit drosseln bis gegen Null. Und an dieser Ecke sprang aus dem offenen Anhänger täglich ein beinamputierter Mann. Er fand Nachahmer, auch mich, so dass hier bald mehr Fahrgäste die Straßenbahn verließen als an der nächsten ordentlichen Haltestelle.

Sepp Vilsmaier

Wir Jungs im Alter von etwa 14 Jahren machten uns einen Spaß daraus, auf der Fahrt vom Schlossgartenplatz zum Ostbahnhof am heutigen Willy-Brandt-Platz vom Anhänger zu springen, durch den Herrngarten und am Theater vorbeizulaufen, um dann an der „Krone" wieder auf den Anhänger derselben Bahn aufzuspringen.

Horst Klump

In den Nachkriegsjahren wohnten wir am Friedrich-Ebert-Platz. Der „Eberts" war ringsum mit Ulmen bepflanzt. Die 5 befuhr die Schuknechtstraße und dann nach einer Quietschkurve die Liebfrauenstraße. Im Herbst war es für uns Buben eine schöne Abwechslung zum Fußball, möglichst viel Laub auf die Gleise zu legen. Wenn die Bahn über die Blätter fuhr, hatten die Räder zu den Schienen schlechten Kontakt, es brutzelte und die Funken sprühten.

Walter Jöst

Gemütliche Fahrt: Linie 5 in der Liebigstraße.

Ob sie es schaffen? Schüler an der Wartehalle Eberstadt, 1971.

Für die Anwohner waren die Geräusche, das Gebimmel der Straßenbahn, Gewohnheit. Wenn die Fünfer mal zu spät kam, oder eine Weile gar nicht, dann wusste man, es ist etwas passiert.

Erika Kreisel

Fahrschüler und Bubenstreiche

Stolz trug ich die Monatskarte um den Hals. Die eingeklebten kleinen Monatsmarken ergaben mit der Zeit eine bunte Fläche auf der Karte. Der bevorzugte Platz für einen Schüler war links vom Fahrer direkt hinter der Frontscheibe. Von hieraus konnte man die Straße bestens einsehen und gleichfalls die Handbewegungen des Fahrers am Schalthebel mitverfolgen.

Horst Anacker

Ein Fahrschein für Schüler kostete 10 Pfennig. Viele Schüler hatten kein Geld oder wollten es sparen und düpierten die Schaffner. Meist schafften sie es, die drei Stationen bis zur Haltestelle Kasinostraße mitzufahren, ohne zu bezahlen. Sonst sprangen sie einfach ab, wenn der Schaffner sich näherte. Selten wurde jemand erwischt.

Dieter W. Leitner

Mein Bruder, heute 78 Jahre alt, und ich, 76, haben damals die „5" stets in unsere Streiche einbezogen. So, indem wir an der Endhaltestelle Heinheimer Straße einen alten Gurkenblecheimer ans Wagenende anbanden, der dann mit Getöse übers Pflaster hoppelte, bis der Schaffner an der nächsten Station das Übel beseitigte. Auch Knallplättchen auf den Schienen sorgten für Aufsehen.

Ludwig Döll

Beim Abschellen: Schaffner Otto Rinke.

Die Linie aufs Land: Zug an der Haltestelle Frankenstein in Eberstadt, 1953.

Ein Abenteuer in jenen Tagen war das schnelle Ablegen eines Pfennigstückes auf die Gleise. Das plattgefahrene Kupferstück musste rasch entfernt werden und man hatte schleunigst den Tatort zu verlassen. Das Opfern eines Pfennigstückes war schon schwer gefallen – Gebäck wie eine „Schnecke" kostete bei der Bäckerei Spahn in der Moosbergstraße zehn Pfennige – und der Vollzug des Streiches war geradezu ungeheuerlich.

Horst Anacker

Stinkbombe auf den Boden gelegt, gewartet, bis die „Ellebembel" steht, fest draufgetreten und nichts wie raus! Warum ich nach dieser Untat noch durch die Stadt gestrolcht bin, vermag ich heute nicht mehr zu sagen. Jedenfalls kam vom Schloss gerade ein Zug der Linie 6, als ich zur Berliner Allee zurückfahren wollte. Ich stieg in den Beiwagen ein, hörte das Bimmeln und – wollte im Erdboden versinken, als ich den Schaffner erkannte, der meinem Stinkbombenattentat zum Opfer gefallen war.

Günter Schupp

Dann hatten diese Triebwagen noch eine Luftpfeife für außerhalb der Ortschaft. Innerhalb der Stadt wurde ja geklingelt. War der Wagen voll mit Schülern, stellte schon mal einer seinen Ranzen auf den Knopf am hinteren Führerstand. Die Pfeife schrillte los, und bis der Schaffner sich seinen Weg durch den proppevollen Wagen gebahnt hatte, war der Ranzen wieder auf dem Buckel, und alles schaute unschuldig.

Klaus Becker

Es war etwa 1956 oder 1957. In Malchen musste der Schaffner die Metallplatte („Kuchenblech" genannt) aus einem Kasten holen, ohne die eine Weiterfahrt auf der damals eingleisigen Strecke nach Seeheim nicht erlaubt war. Ein Schüler stellte sich dem Schaffner in den Weg. Er war einen Kopf größer und blickte höhnisch auf sein Gegenüber hinab. Der Schaffner, der eine Verspätung vermeiden wollte, versuchte den Schüler beiseite zu schieben. Da versetzte der ihm einen Schlag vor die Brust, der den Mann rücklings in den Gang stürzen ließ. Dabei flogen die Geldstücke aus dem Münzbehälter, die der Schaffner nun unter dem Gelächter des Schülers zwischen den Sitzen zusammensuchte. Ein Bild des Jammers, denn Geld, das bei der Abrechnung fehlte, hätte der Schaffner ja aus eigener Tasche drauflegen müssen. Ich muss zu unserer Schande gestehen, dass sich von uns niemand traute, dazwischenzutreten. Der Schüler, Sohn eines Hochschulprofessors, war auch auf dem Schulhof gefürchtet. Als ich ein paar Jahre älter im Unterricht Eugen Kogons „SS-Staat" las, musste ich an die Szene mit dem Schaffner denken. Es war die gleiche Rollenverteilung: Die Täter, die Opfer, die Schweigenden.

Klaus Staat

Gleich geht es wieder zurück: Ankunft in Jugenheim, Sommer 1960.

Emmi Gigling, die kleinste Schaffnerin der Heag, aufgenommen 1965.

Auch ich war Mitte der fünfziger Jahre als Gründungsschüler des Schuldorfs Bergstraße Benutzer der Linie 8 nach Jugenheim und zurück. Wenn wir nicht gerade Hausaufgaben abschrieben oder Skat spielten, waren wir zu jedem Streich zu haben.

Dr. Peter Hoffmann

Arg trieben es die Pennäler mit einem kleinwüchsigen Schaffner. Der hatte die Angewohnheit, nach dem Abklingeln sich aus der Tür zu hängen und den Arm zu heben. Darauf warteten die Gymnasiasten nur. Bevor er den Arm hob, riefen sie: „Wie groß ist denn unser Kleiner?" Und als er ihn hob, brüllten sie im Chor: „Sooo groß!"

Dieter W. Leitner

Emmi Gigling war die kleinste Schaffnerin der Heag. Sie wurde nach Kriegsende eingestellt. Als ich sie 1950 als Kollegin kennen lernte, erzählte sie, dass sie noch bei ihrer Mutter wohne und mit ihrem Lohn für deren Unterhalt sorge. Weil sie so klein war, hatte sie ein Stöckchen mit Griff, um die Leine mit der Glocke zu ziehen und das „Fertig"-Zeichen zu geben.

Rolf Baakes

Als ziemlich großer Junge stand ich damals auf der Plattform des Anhängers, als die kleine Schaffnerin mich bat, doch für sie abzuschellen. Ich tat ihr den Gefallen, doch zog ich gleich zweimal an der Klingelschnur, was „Wieder anhalten" bedeutete, für den Fah-

Päuschen im Grünen: Endschleife Oberwaldhaus, 1955.

rer das Zeichen, es sind noch nicht alle im Zug. Der Fahrer sah aus der Tür des Motorwagens und wollte wissen, was los sei. Die Schaffnerin rief ihm mit hochrotem Kopf zu, es sei ein Versehen gewesen, er könne weiterfahren. Mir hielt sie eine Standpauke, aber der Streich war gelungen.

Dieter Alexander Stier

Häufig begleitete uns eine kleine Schaffnerin, die – wenn ich mich recht erinnere – den schönen Namen Alma hatte. Sie war sehr klein. Um die leicht durchhängende Klingelschnur zu erreichen, musste sie mit dem Fahrscheinbuch danach schlagen. Bei nächster Gelegenheit strafften wir die Kordel von der Plattform aus, und trotz verzweifelter Streck- und Ausholversuche konnte die Schaffnerin nicht abklingeln. Unser Feixen verwandelte sich aber in betretenes Schweigen, als wir sahen, dass die von uns so genervte Alma in Tränen ausgebrochen war.

Dr. Peter Hoffmann

Wir Schüler waren bestimmt manchmal Störenfriede. Unruhig und schwätzend, laut unsere Hausaufgaben kommentierend, erlebten wir die Fahrten zur Schule oder ins Jugenheimer Schwimmbad. Solange wir Schulranzen trugen, baumelten in den Nachkriegsmonaten Blechbecher an den Riemen. Diese wurden für die Schulspeisung gebraucht. Beim Nachmittagsunterricht holten wir uns auf dem Hinweg zur Schule im Café Schwarz an der Rheinstraße ein paar Bällchen Wassereis. Diese Becher waren kleine Hindernisse, wenn man sich in den überfüllten Straßenbahnen bewegen musste.

Horst Anacker

Unterwegs mit der Elektrischen

1941, ich war gerade drei Jahre alt, packte mich das Fernweh, und ich fuhr mit der Linie 3 zum Hauptbahnhof. Ich stand auf der Plattform, was mir im Beisein meiner Mutter verboten war. Als der Schaffner fragte, „zu wem gehörst denn du?“ deutete ich in den Wagen und sagte, „da sitzt die Mama“. Genauso fuhr ich zurück. Auch auf dem Heimweg deutete ich in den Wagen und sagte: „Da sitzt Mama.“ Doch da saß eine Freundin meiner Mutter, eine richtige Petze. Man kann sich denken, wie der Ausflug endete – daheim ging noch ein heftiges Gewitter auf mich nieder.

Horst Hofmeyer

Als Kind fuhr ich gelegentlich mit meinem Vater in der Linie 6. Es war wohl 1943. Im Führerhaus waren Schilder angebracht: „Nicht mit dem Fahrzeugführer sprechen“ und „Abspringen während der Fahrt verboten“. Aber was tat mein Vater? Er unterhielt sich mit dem Fahrer, der dabei eifrig an der Kurbel drehte. Und dann kam das für mich Unfassbare: Der Fahrer ließ die Straßenbahn am Rosenhöhweg extra so langsam fahren, dass mein Vater und ich dort abspringen konnten und wir so einen kürzeren Heimweg hatten. Da mein Vater Lehrer war und auch zu Hause sehr auf Gehorsam achtete, ist mir dieses Verhalten meines Vaters unvergesslich geblieben.

Dieter Kreickemeier

Wir wohnten in der Dieburger Straße 4 beim Schreiner Kunz. Mein Vater war Straßenbahnführer. An einem Sonntag hatte er die 6, und ich brachte nachmittags Kaffee und Kuchen. Ich stieg in der Dieburger Straße zu und fuhr mit ans Oberwaldhaus (ohne Fahrschein!), wo fünf bis zehn Minuten Pause waren. An den Hirschköpfen stiegen die letzten Fahrgäste aus, und ich durfte, natürlich unter Aufsicht meines Vaters, an die Kurbel und den Wa-

Kriegsverpflichtet: Schaffnerin Wilma Dollinger mit Sohn Werner um 1940 am Luisenplatz.

Großstadt, 1960: Wagen 19 (ST 6) auf dem Luisenplatz.

Stromausfall, 1964: Züge und Passagiere in der Neckarstraße.

Werbung für Rummel: Griesheim Wagenhalle, 1960.

gen bis zur Wendeschleife am Oberwaldhaus fahren. Das Gleis lag dort abseits der Straße. Bis heute unvergessen!

Willi Raitz

Eine Zeit lang war es Sitte, dass der erste Wagen, der vormittags am Oberwaldhaus eintraf und dort eine kleine Pause hatte, vom Lokal für Fahrer und Schaffner je eine Tasse Kaffee und ein Stück Kuchen bekam. Dies war eine Spezialität des Hauses. Leider hat sich diese schöne Geste nicht weitervererbt.

Ria Märtin

Mit vierzehn begann ich eine Lehre als Fischverkäufer in Darmstadt. Zum Mittagessen fuhr ich heim nach Jugenheim. Da meine Eltern unmittelbar an der Straßenbahn wohnten, war dies möglich. Nach dem Frankreichfeldzug 1940 kamen Belgier – flämische Zwangsarbeiter – als Wagenführer zum Einsatz. Man lernte sich rasch kennen, denn ich hatte meinen Stammplatz vorn links neben dem Fahrer. Nach kurzer Zeit und mit Hilfe von ein paar Zigaretten ließen sie mich dann die Straßenbahn von Seeheim bis Jugenheim selbst fahren.

Fritz Kehl

Zu dieser Zeit war eine Fahrt nach Jugenheim eine tolle Sache, vielleicht zu vergleichen mit einem Flug nach Mallorca in der heutigen Zeit. Eine Fahrt an die Bergstraße stand auf dem Wunschzettel zum Geburtstag. Oft erbettelten wir uns von der Großmutter Geld für die Straßenbahn.

Volker Siebel

Ich war sechs Jahre alt geworden und durfte in der Straßenbahn endlich bezahlen. Ich fuhr, wie so oft, zu meiner Oma. Das Geld hielt ich in der Hand. Am Steinbergweg hätte ich aussteigen müssen, aber weil der Schaffner bis dahin noch nicht zu mir gekommen war, blieb ich sitzen. Genauso an der Endhaltestelle Böllenfalltor. Nun kam der Schaffner und fragte, warum ich nicht aussteige. Ich sagte, „ich habe noch nicht bezahlt". Da entschied der Schaffner, dass ich mit der Bahn wieder zurück bis Steinbergweg fahren und meine Oma mir für das Fahrgeld ein Eis kaufen soll.

Eva Rosenau

Es war 1958; es regnete in Strömen, ich war mit meinem Kind auf dem Weg zum Wohnungsamt. Am Gaswerk stieg ich in die Acht. Ich hatte nur einen Zwanzigmarkschein. Der Schaffner sagte, „so geht das nicht", ich hätte vor der Fahrt für Kleingeld zu sorgen, und an der nächsten Haltestelle, Pallaswiesenstraße, setzte er mich raus. Ich weiß nicht, wovon mein Gesicht mehr nass war, vom Regen oder den Tränen.

Marianne Hotz

Ich bin an der Ecke Bessunger und Heidelberger Straße aufgewachsen. Es war 1948. Ich guckte aus dem Fenster und sah meine Mutter und meine Schwester aus dem Haus kommen. Sie gingen vor der haltenden Acht über die Straße. Plötzlich schoss mein geliebter Dackel Seppl aus dem Haus, den beiden nach. Er nahm wohl an, sie seien in die Straßenbahn gestiegen und sprang in den Zug, Tür zu, die Bahn fuhr ab. Ich rannte runter und hinterher, es war nichts zu machen. Dann habe ich die Heag angerufen. Da sagte man mir, „wir kümmern uns drum, aber wenn wir den Hund zurückbringen, müssen sie für ihn eine Fahrkarte nachlösen". Das war dann doch nicht nötig. Seppl fuhr nach Eberstadt, stieg dort aus und fand allein den Weg nach Hause. Hinkend und ganz schlapp kam er angelaufen und sehr kleinlaut. Aber als ich ihn zu mir nahm, war er selig.

Hella Nobiling

Straßenbahnen müssen warten: Beim Sportfest im Sommer 1953 gehört die Rheinstraße – hier in Höhe des Kaufhofs – den Staffelläuferinnen.

14. Oktober 1953: Der Kaufhof wird eröffnet. Nie sah die Darmstädter Innenstadt mehr Menschen.

Mittwochnachmittag im Juli 1960: Arheilgen – hier die Endstation Hofgasse – wirkt recht schläfrig.

Vielleicht erzählt ja auch jemand über das morgendliche Ritual bei der Fahrt zur Arbeit. Wenn da nämlich einer dachte, er könne sich hinsetzen, wo er wolle, da war er schief gewickelt. Da hatte jeder seinen Platz, einzeln oder oder auf der Doppelbank, in oder gegen die Fahrtrichtung, je nach Geschmack. Besonders im Winter. Da waren nämlich bestimmte Sitze geheizt, und die galt es zu verteidigen: „Dess do iss moin Pladds."

Fritz Schnell

Mein Kollege hatte sich gerade hingesetzt, als eine feine ältere Dame ihn bat, „würden Sie mir bitte Platz machen?" – „Äawe sitz' ich", sagte er wie aus der Pistole geschossen. „Ich hab' de ganze Daach gestanne, als Verkäufer beim Dritsch unn Heppeheimer. Derweil Sie beim Bormuth gehockd sinn und Deilcher verdriggd ham. Jeddsd keene-Se aach-emol stäje. Awwer am Nordbahnhof steij-ich aus, und do derfe-Se sich seddse."

Frieder Boss

In der Straßenbahn hingen von Hartmuth Pfeil gezeichnete Schilder wie: „Man soll es nicht für möglich halten, die Jugend sitzt, es stehn die Alten."

Rosemarie Rock

Die alten Straßenbahnen hatten noch nicht so bequeme Sitzgelegenheiten wie heute. Da war auf jeder Längsseite eine durchgehende Bank angebracht, man saß also nebeneinander, oft sehr beengt. An Halteschlaufen, die von der Decke herunterhingen, konnte man sich festhalten. Da gaben sich oft viele Hände ein Rendezvous.

Hilde Carpentier

Ab 1955 wohnten wir am Marktplatz, in den neuen Häusern direkt am Schloss, mit Eingang in der Schustergasse. Der Weg zur Arbeit in Frankfurt begann mit der Fahrt in der Linie 2 zum Hauptbahnhof. Uns ging es damals genauso wie den jungen Leuten heute, immer „auf den letzten Drücker". Der Rekord war 1,5 Minuten vom dritten Stock bis zur Haltestelle. Die Zeitansage lieferte dabei die Linie 9, die quietschend ums Schloss herumfuhr. Wenn man sie hörte, war es „höchste Eisenbahn", denn die Zwei kam gleich hinterher. Manchmal hat der Schaffner einen Moment gewartet, wenn er uns kommen sah, und hat erst dann abgeläutet. Wenn nicht, rannten wir weiter zum Luisenplatz und versuchten, dort noch auf die Zwei aufzuspringen. Das war so eine Art Sport für uns.

Dieter Hahn

Später wurden die Raucher in den zweiten Anhänger verbannt. Der Gestank dort war wirklich schlimm. Dennoch war mir die Maßnahme nicht so recht verständlich, weil damals noch die Lehrer im Klassenzimmer rauchten, auch der Pfarrer im Konfirmandenunterricht – heute völlig undenkbar. Meine spätere Frau ging zu Bäulke in die Tanzstunde. In der Linie 6 blieben die Pfennigabsätze regelmäßig in den Riefen des Wagenbodens hängen. Ich besuchte die Tanzschule Stroh in der Bismarckstraße, da konnten wir hinlaufen.

Gerhard Hechler

Ich war gerade zwanzig geworden. Wie fast jeden Morgen stand ich in Arheilgen an der Haltestelle Hofgasse und wartete auf die Linie 7 oder 8, als sich plötzlich ein Mädchen direkt schräg vor mich stellte und mir mit ihren bernsteinfarbenen Augen einen scheuen Blick zuwarf. Es war Liebe auf den ersten Blick. Mag sein, dass das abgedroschen klingt, aber es ist wirklich so gewesen. Ab da sahen wir uns Tag für Tag, trauten uns aber nicht, einander anzusprechen. Schließlich bekam ich meine Einberufung zur Bundeswehr. Am letzten Tag, mit dem Mut der Verzweiflung, gestand ich ihr alles. Doch als ich nach 15 Monaten zurückkehrte, war sie verschwunden. Einige Wochen noch fuhr ich mit der Acht, aber sie blieb verschollen. Ich habe sie nie wieder gesehen. Inzwischen wohne ich in Pfungstadt, aber wenn mein Weg mal zufällig die Linie 7 oder 8 kreuzt, muss ich an sie denken: Was mag wohl aus ihr geworden sein?

Jürgen Büchler

Jedes Jahr wurde der Fahrpreis erhöht. 1961 – 30 Pfennig, 1962 – 40 Pfennig. Und ein Jahr später, am 3. Januar 1963, die nächste Erhöhung. An diesem Tag stieg ich, damals noch junger Student, am Hauptbahnhof in die Linie 2. Neben mir stand rein zufällig eine junge hübsche Dame. Aber der gute Ton verbot mir damals, sie anzusprechen. Der Schaffner kam, wollte unsere abgezählten 40 Pfennig aber nicht haben: „Nein, die Fahrt kostet jetzt 50 Pfennig." Das Fräulein und ich waren total empört und riefen: „Was – schon wieder?" Und dann ereiferten wir uns und redeten miteinander. Als sie am Luisenplatz ausstieg, sagte ich höflich: „Auf Wiedersehen." Erst zu Hause dachte ich: „Du Blödmann. Jetzt ist sie weg! Und du weißt nicht, wo sie wohnt und wie sie heißt." Und dann startete ich eine unglaubliche Suchaktion. Das Fräulein wurde meine Frau, und wir sind schon über vierzig Jahre glücklich verheiratet.

Horst-D. Fingberg

Es war Ende der sechziger Jahre; ich arbeitete bei Merck. Kurz nach der Abfahrt vom Haupttor hörte ich eine Stimme: „Die Fahrscheine bitte!" Siedend heiß durchfuhr es mich. Und um mich herum lauter junge Kollegen. Vor denen musste ich nun dem Kontrolleur gestehen, dass meine Fahrkarte zu Hause lag. Er meinte nur, wenn ich gleich 5 Mark bezahlen würde, sei das für mich am billigsten. Doch mein Portemonnaie hatte ich auch zu Hause vergessen. Da lieh mir eine junge Kollegin das Geld, ich könne es ihr ja am nächsten Morgen zurückgeben. Natürlich tat ich das. Aber noch heute, wenn ich in der Straßenbahn sitze und ein Kontrolleur kommt, überfällt mich für Sekunden noch immer dasselbe schlechte Gewissen.

Wolfgang Zimmermann

Die Elektrische war für uns das Tor zur Welt. In der Baumblüte überholte man die Lloyds und Käfer und Roller, die sich in einer endlosen Schlange die alte B 3 entlangquälten. Heimzus hatten wir Spankörbe mit Sauerkirschen und Spargel dabei.

Gerhard Hechler

Andrang an der Sieben: März 1962, Blick vom Langen Ludwig.

Ich bin als Jugenheimer Bub in Hörweite der Straßenbahn geboren und aufgewachsen. Ich bin also mit dem Quietschen der Straßenbahn groß geworden, die von September 1962 an um die neue Wendeschleife fuhr. Dann wurde die Strecke nach Alsbach verlängert. Kein Jugenheimer Quietschen mehr, und so wachte ich manchmal erst in Alsbach auf. Vergangenes Jahr hatte ich in Hannover zu tun und übernachtete in einem Hotel an einer Straßenbahnkurve. Ich ging abends ins Bett – und da war es wieder, das vertraute Quietschen! Ich glaube, ich bin mit einem Lächeln eingeschlafen.

Thomas Keil

So begleitete das Quietschen sowie das leichte Klirren der Gläser und das Scheppern der Teller und Tassen in den verschiedenen Schränken meine ersten Lebensjahre.

Rainer Hubertus

Da die Straßenbahnen nicht so schnell fuhren wie heute, konnte man manches beobachten. Vielleicht war das ja noch ein Teil der guten alten Zeit.

Christa Matheis

Dass ich alt geworden bin, merke ich daran, dass manchmal in der Straßenbahn junge Mädchen aufstehen und mir ihren Platz anbieten.

Dieter W. Leitner

Warmer Oktober: Heag-Arbeiter beim Gleishobeln, 1949.

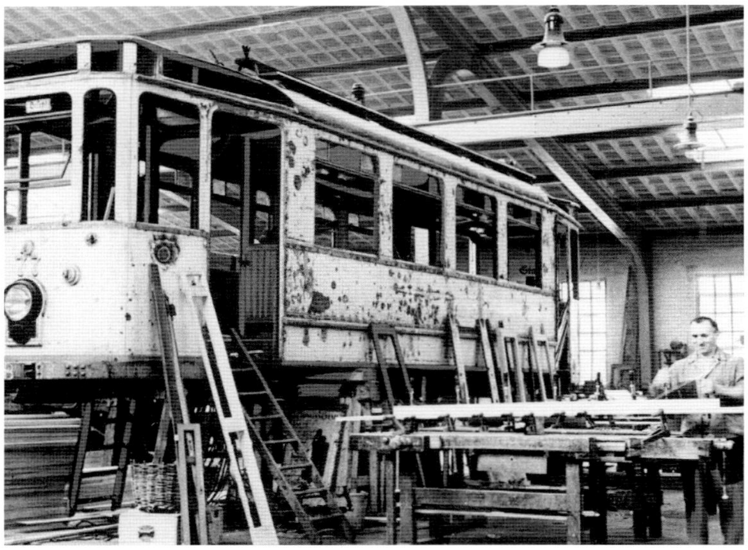

August 1950: Reparatur eines kriegsbeschädigten Wagens.

Januar 1950: Weichen am Ostbahnhof werden freigeschippt.

Wir sind noch mal davongekommen

Es war Spätsommer 1945. Mein Onkel sagte, dass mein Vater an diesem Tag aus russischer Gefangenschaft nach Hause kommt. Er nahm mich mit zur Haltestelle, wo ich, sechs Jahre alt, mit großer Ungeduld die nächste Straßenbahn erwartete. Sie kam, eine Eins, eine alte Bahn, und auf der hinteren offenen Plattform stand mein Vater. Dieses Bild werde ich nie vergessen; die alte Bahn mit meinem Vater.

Heidi Wiebel

Im April 1946 kehrte ich aus englischer Kriegsgefangenschaft heim. Die Eisenbahnfahrt endete am Nordbahnhof. Vom Ausmaß der Zerstörung Darmstadts hatte ich noch keine Ahnung. Aber die Straßenbahngleise vor dem Nordbahnhof waren blank; demnach war auf eine Verbindung zur Innenstadt zu hoffen. Nach einer Weile konnte ich – in meiner abgewetzten Wehrmachtskluft und dem alten Seesack als Heimkehrer erkennbar – einsteigen. Mein Entlassungsgeld von 40 Mark bestand aus großen Scheinen. Der Schaffner schnauzte mich an, das könne er nicht wechseln, ich müsse an der nächsten Station aussteigen. Keiner der Mitreisenden stand mir bei.

Karl Heinz Hohenschuh

Die Linie 3 in Gang zu bringen, dauerte am längsten. Sie fuhr ja durch die Karlstraße, und dort stand kein Haus, keine Mauer mehr, woran man die Oberleitung hätte befestigen können. Nach längerer Zeit gelang es, dafür Masten aufzustellen. Nach Kriegsende kam ein Freund meines Bruders aus der Gefangenschaft. Er stand lange am Hauptbahnhof, auf die Drei wartend. Schließlich fragte er eine alte Frau, wann die Bahn komme. „Ach, lieb Bubche", antwortete die, „die fährt noch lang ned. Do is ja unnerwägs alles kabudd."

Ria Märtin

1949, kurz nach der „Währung", kauften wir eine gebrauchte, versenkbare Nähmaschine. Aber wie sollte man die von Alsbach nach Darmstadt zu unserer Wohnung in der Liebfrauenstraße bekommen? Von Alsbach nach Jugenheim trug mein Mann die Maschine auf dem Rücken. Es klappte, aber ich frage mich heute, wie er das bewältigte. In Jugenheim verfrachteten wir die Nähmaschine auf die Plattform der Straßenbahn. Heute wäre dazu keine Möglichkeit mehr. Allerdings mussten wir einen extra Fahrschein für die Fracht lösen. So konnten wir bis Pallaswiesenstraße durchfahren und dort in die Fünf umsteigen. Ja, wenn es keine Straßenbahn gäbe!

Hilde Carpentier

Nach dem Krieg arbeitete mein Vater bei der Heag als Kontrolleur. In der Villa am Böllenfalltor war ein amerikanischer General einquartiert. Wenn der an unserem Vater vorbeifuhr, der ja oft dort an der Haltestelle stand, so grüßten sie sich, beide die Hand an der Mütze – mein Vater den General und dieser unseren Vater. Vielleicht hielt der Amerikaner ihn, mit den silbernen Uniformknöpfen und der Silberschnur an der Mütze, für den General der Straßenbahnen.

Ria Märtin

Unsanfte Berührung. Bei einer Flankenfahrt kurz vor Griesheim kollidieren zwei Züge, Sommer 1930.

Der Unfall an der Stadtkirche

Es muss Mitte der fünfziger Jahre gewesen sein, als sich beim Rangieren am Böllenfalltor ein Anhänger löste und ungebremst Richtung Stadt rollte.

Reinhard Cuny

Donnerstag, 14. Februar 1957, 17.44 Uhr. In diesem Augenblick packt Heag-Schaffner Spahn Entsetzen.

ECHO-Redakteur tt

In dem Wagen befand sich lediglich der Schaffner, der nichts anderes tun konnte, als durch heftiges Reißen an der Leine ununterbrochen die Glocke zu betätigen und so den restlichen Verkehr zu warnen.

Reinhard Cuny

Soweit ich mich erinnere, handelte es sich bei dem Schaffner um Herrn Steuernagel aus Ober-Ramstadt; ich kannte ihn, zumal er mir als gelernter Friseur regelmäßig die Haare schnitt.

Wolfgang Regenbogen

Noch ohne Schleife: Endstation Böllenfalltor, 1952.

Der Schaffner Robert hatte den vorgeschriebenen Hemmschuh nicht auf die Gleise gelegt, und mit der Handbremse ließ sich der immer schneller werdende Wagen nicht mehr aufhalten. Angeblich hatte der Schaffner als letztes Hilfsmittel nur noch die Klingel, die er ununterbrochen an der Lederleine betätigte.

Walter Jöst

Nach Schulende hörte ich auf dem Weg zur Straßenbahn ein unentwegtes Läuten. Und schon kam er vorbei: der Anhänger ohne Zugwagen!

Wolfgang Regenbogen

Das ging daneben: Entgleisung eines Anhängers beim Einbiegen in die Neckarstraße, Januar 1954.

Es scheint jedoch, dass Robert Spahn gebremst hat, sonst dürfte der Wagen wohl kaum über die sehr scharfe Kurve am Roßdörfer Platz gekommen sein.

ECHO-Redakteur tt

Zurück zum rasenden Hänger. Er schaffte die Kurve am Roßdörfer Platz, sogar die Grohe-Biegung und raste nun zu dem engen Bogen an der Stadtkirche.

Walter Jöst

Kurze Zeit später krachte es ganz entsetzlich. Ich rannte zur Straße und sah, dass in diesem Moment der Anhänger in die Scheibe eines Lebensmittelgeschäfts gegenüber der Stadtkirche gekippt war.

Wolfgang Regenbogen

Wo der Wagen umfiel, befand sich „Schade & Füllgrabe".

Reinhard Cuny

Hier verließ der Wagen infolge des hohen Tempos sein Gleis und raste in das Lebensmittelgeschäft „Schade & Füllgrabe", das sich in der Kirchstraße gegenüber der „Bockshaut" befand.

Walter Jöst

Sie können sich vorstellen, was da los war. Ein heilloses Durcheinander mit vielen Passanten, Polizei und Feuerwehr. Besonders berührte mich, dass eine verzweifelte Mutter nach ihrem Kind suchte und es unter dem Anhänger vermutete, was sich glücklicherweise als nicht zutreffend herausstellte.

Wolfgang Regenbogen

Im Schaufenster: Unglücksanhänger 122.

Ich war mit meinem vierjährigen Sohn Matthias einkaufen. Er stand vor der Tür, als ich bezahlte. Dann kam ein unheimlicher Knall und klirrende Scheiben. Ich lief raus – mein Sohn war weg! Keiner wusste, ob es Verletzte gab, keiner hatte einen kleinen Jungen gesehen. Auf dem Marktplatz gab mir jemand den Rat, auf die Schlosswache zu gehen. Da wartete Matthias auf mich – eine Frau oder ein Mann hatte den Kleinen dorthin gebracht. Ich habe ihn heute gefragt, woran er sich erinnert. Er sagte: „An die umgestürzte Straßenbahn und viele Apfelsinen auf der Straße."

Christa Koegler

Sommer 1954: Ein Lkw hat die Fünf an der Ecke Liebfrauen-/Arheilger Straße aus dem Gleis gedrängt.

Beim Herausspringen aus den Gleisen hatte der Anhänger ein Fahrrad zertrümmert und einen parkenden Wagen leicht beschädigt.

ECHO-Redakteur tt

Außer vielen Glasscherben und sonstigem Bruch ist aber niemandem etwas passiert.

Ria Märtin

Der Geistesgegenwart des Schaffners ist es zu verdanken, dass keine Menschenleben gefährdet wurden. Da die Bremsen versagten, konnte er allerdings den Wagen nicht anhalten.

Tagblatt-Redakteurin t-s

Ob ein Versagen der Bremse infrage kommt, war gestern Abend noch nicht festgestellt.

ECHO-Redakteur tt

Das Fahrzeug war tags zuvor in Hauptuntersuchung gewesen. Dabei wurde der Wagen angehoben und die Bremsen durch Öffnen eines Spannschlosses gelöst. Die Arbeiter vergaßen aber, das Bremsenspannschloss zu schließen.

ECHO-Redakteur Hans-Egon Koegler

Dadurch, dass Spahn auf beiden Plattformen die Handbremse betätigt hatte, hob sich die Wirkung der Handbremse auf. Hätte Spahn die Handbremse nur auf einer Seite betätigt, hätte er die Kiste zum Stehen gebracht.

Dieter Gräser

Rechtzeitig vorher ist der Schaffner abgesprungen, weil er das Unheil auf sich zukommen sah.

Wolfgang Regenbogen

Mutiger Husarenritt des Schaffners verhütete Schlimmeres.

ECHO-Redakteur Hans-Egon Koegler

Spahn war ein Pechvogel. *Dieter Gräser*

Robert Spahn kletterte am Unfallort aus dem Anhänger. Die Schockwirkung war jedoch so groß, dass er zunächst einmal ins Krankenhaus eingeliefert werden musste.

ECHO-Redakteur tt

Ich weiß aber, dass der Schaffner Robert seine schicke Dienstuniform gegen einen Blaumann tauschen musste, er arbeitete dann im Kabellager.

Walter Jöst

In schneller Zusammenarbeit mit der Feuerwehr war die Strecke bereits nach einer Stunde wieder freigegeben.

ECHO-Redakteur tt

Polizei und Feuerwehr hatten noch lange zu tun, bis sie den Anhänger aus dem Schaufenster geholt und abtransportiert hatten.

Tagblatt-Redakteurin t-s

Die Reaktion der Heag war, dass an Gefällstrecken, wo beim Umsetzen grundsätzlich ein Hemmschuh unterzulegen war, nun ein solches Sicherheitsdetail vorrätig sein musste – damit keiner sagen konnte, er hätte keinen Hemmschuh gehabt. Das betraf die damaligen Endhaltestellen Ludwigshöhstraße und Böllenfalltor.

Dieter Gräser

Harte Zeit, schöne Zeit

Vierzig Jahre Früh- und Spätschicht, im heißen Sommer und im kalten Winter, vierzig Jahre in denen er nicht ein einziges Mal zu spät zum Dienst kam, nicht am Tag, nicht am Abend und nicht in der Frühe.

Ria Märtin

Wir waren, ob Schaffner oder Fahrer, immer adrett in Uniform gekleidet, im Winter eine dunkle Anthrazituniform mit langem Mantel und schaffellgefütterten Stiefeln, im Sommer eine schöne hellgraue Uniform und immer mit Schirmmütze. Wir waren wer, wir waren stolz auf unsere Arbeit, und deshalb waren wir stolz auf unsere Uniform.

Gottfried Drott

Zum Aufstehen am frühen Morgen rasselte bei uns ein Ungetüm von Wecker, für die Pünktlichkeit am Tag sorgte eine große altmodische Taschenuhr; wenn die mal streikte, wurde sie vom Uhrmacher Meitzler schnell und preiswert wieder in Ordnung gebracht.

Ria Märtin

Vor dem Start am Böllenfalltor bildeten sich in der Früh oft kleine Gruppen zu einem schnellen Skatspiel, bis dann der Ernst begann. Fahrer und Schaffner übernahmen ihre Bahn. Der Schaffner überprüfte den Sandkasten mit dem Bremssand. Kurz nach der Depotausfahrt wurde die obligatorische Bremsprobe gemacht; der Fahrer legte eine Schnellbremsung hin und war man nicht darauf gefasst, flog man durch den Wagen. Der Sandstreuer war im Herbst, wenn die Bäume ihr Laub verloren, eine wichtige Hilfe. Alle Strecken mit „Begleitgrün" waren dann gefährlich glatt – das Laub auf den Gleisen verwandelte sie in Rutschbahnen.

Dieter Gräser

Morgens bei der ersten Ausfahrt der Linie 3 (Cambrai-Fritsch-Kaserne, Ludwigshöhstraße) sah man die Kippenstecher, die wussten genau, wo man fündig wird an den Zusteigestationen der amerikanischen Soldaten. Da ich Nichtraucher bin, wunderte ich mich immer, mit welcher Hingabe die weggeworfenen Kippen aufgebrochen und die Tabakreste zum Drehen einer neuen Zigarette gesammelt wurden. Zumindest roch das Endprodukt immer noch besser als der so genannte Scheuerbampler aus selbst getrockneten Tabakblättern.

Karl Schneider

Ausbessern und aufmöbeln: Nach der Reparatur eines Wagens werden noch die Scheiben geputzt. Werkstatt Böllenfalltor, 1962.

Der Fahrer musste über viele Stunden mit der linken Hand die Fahrkurbel betätigen, mit der rechten den Bremshebel sowie mit dem rechten Fuß die Warnglocke. Die Weichen wurden mit Weicheneisen in die gewünschte Richtung gelegt, an der Endstation mussten Anhänger ab- und angekuppelt werden, das erforderte Aufmerksamkeit und Geschicklichkeit. Im Winter war es besonders hart. Bei vereisten Scheiben hatte jeder sein eigenes Patent, das ging von der Spucke über Apfelscheiben bis zum Leinensäckchen mit Salz. Für das mitgebrachte Frühstück war in manchen Wagen ein kleiner Wandkasten vorhanden. Es war aber nicht ratsam, ihn zu benutzen, denn es waren Notzeiten und man hatte oft findige Mitesser.

Karl Schneider

Die Versorgung mit Frühstück war nicht einfach. Am Hauptbahnhof, wenn's die Zeit erlaubte, konnte man am Rummelschalter eine Rindswurst mit Weck erstehen. Sonst musste man die Strecke zwischen Schloss und Luisenplatz für einen Spurt nutzen – etwa in der Mitte war eine gute Metzgerei. Der Fahrer wurde informiert, man spurtete los, wurde als Schaffner auch sofort bedient, dann rannte man mit der Wurst weiter und erreichte am Luisenplatz wieder seine Bahn.

Dieter Gräser

Damals kostete das Viertel Wurst auch schon sechzig Pfennig! So war das nicht.

Gottfried Drott

Ich bin 79 Jahre alt und war Schaffnerin auf der Linie 5, vorwiegend nachmittags, bis gegen 19.20 Uhr der Stoßbetrieb nachließ. Das war ein harter Dienst, denn ich musste jeweils an der Endstation den Hänger abkoppeln und den Bolzen zur anderen Seite herumtragen, während der Fahrer Pause machte. Mein kleiner Sohn kam öfters auf die 5 und fuhr eine Runde mit, dann ging er in den Woog schwimmen. Nach einer Stunde war er wieder am Ostbahnhof und schaute, wie lange Mutti denn noch fahren musste. Trotz allem – es war auch eine schöne Zeit.

Irmgard Löbel

Wenn man an Heiligabend Dienst hatte, wurde man für die Stunde der Bescherung freigestellt. Das war aber sehr kurz, und oft gab es zu Hause bei der Familie Tränen. Nach Ansicht des Oberfahrmeisters war das ein Abend wie jeder andere, nur dass Kerzen brannten. Es war eine harte Zeit und hat uns alle zusammengeschweißt.

Karl Schneider

Im Berufsverkehr wurden, meist von Merck aus, Einsatzwagen gefahren. Dies war für uns ein „Spann", auch „Spännchenfahren" genannt. Die Spännchen waren drei Überstunden, die man, wenn man wollte, jeden Tag fahren konnte und die wir als junge Familienväter auch brauchten. Ich hatte fast jeden Monat 260 bis 280 Dienststunden. Und es war ein harter Job, alles, was in den acht

Gewusst, wie: Schaffnerschulung, 1961 (oben links). Drei Mann in einem Zug – Alltag 1961 (oben rechts). Einsteigen bitte: Linie 5, um 1940 (links). Sitzt die Uniform?Einkleidung von kriegsverpflichteten Schaffnerinnen, 1940 (rechts).

Stunden passierte, passierte auf der Tram. Drückte die Blase unterwegs, musste man die Zähne zusammenbeißen.

Gottfried Drott

Plagte einen ein menschliches Bedürfnis, gab es an den Endhaltestellen Vertragstoiletten, war jedoch die Tram mit Verspätung gekommen, musste man sich's verkneifen.

Dieter Gräser

Vor dem Krieg, als noch kaum einer ein Auto besaß, fuhren die meisten Arbeiter und Angestellten mit Monats- und Wochenkarten zur Arbeit, ebenso die Geschäftsleute und der Bankdirektor Bochow, der bei jeder Fahrt fünf Pfennig Trinkgeld gab.

Ria Märtin

Das Abrechnen geschah am nächsten Tag im Heaghaus an einer speziellen Kasse. Meine Zahltasche musste ich immer in den Luftschutzkeller mitnehmen. So auch in der schrecklichen Brandnacht, in der auch mein Elternhaus, Wilhelm-Leuschner-Straße 28, ein Raub der Flammen wurde. Nach einigen Tagen, als die Straßen in der zerstörten Heimatstadt einigermaßen begehbar waren, brachte ich das Heag-Eigentum – mit den Münzen der letzten Fahrgäste vor dem Angriff – zu Fuß zum Böllenfalltor.

Ilse Abt

Was aber auch viel Freude machte, war der Umgang mit den Fahrgästen. Wenn man fast ständig dieselbe Linie fährt, lernt man auch seine Fahrgäste kennen. Man wusste, wer wo einstieg. War der Fahrgast nicht an Bord, fiel einem das auf. An der Schulstraße stiegen immer Blinde aus, die in der Blindenwerkstatt an der Karlstraße ihre Arbeit hatten. Es war eine Ehrensache und die Minute wert, den Menschen über die Fahrbahn auf den Bürgersteig zu helfen.

Dieter Gräser

Haltestelle Merck, in den fünfziger Jahren. Aus dem Anhänger steigt eine junge Dame, tolle Figur, üppige Oberweite, buntes Minikleid, hochhackige Pumps. Sie stöckelt ostwärts in die damals fast noch bis zur Straße reichenden Kleingärten. Der Fahrer bemerkt meinen Blick und kommentiert den Abgang so: „Wannmer die siehd, kennd-mer glaawe, die sei midem Graf Bibi verwand. Awwer isch kenn die, bei der laafe sich dehaam die Meis Blaase an die Fies, bis-se emol en Brodkrimmel finne."

Helmut Schreiber

Auf der 5er fuhr sehr oft ein Zauberer mit, der zeigte uns immer Taschenspielertricks. Er unterhielt oft alle, die vorn beim Fahrer standen, und er war ganz stolz, wenn er uns überraschen konnte mit einem neuen Trick, indem er zum Beispiel ein Taschenmesser durch die geschlossene Hand schob, auf der einen Seite weiß rein und auf der anderen Seite schwarz raus, alle waren baff. Wir hatten auch einen Filmvorführer mit Namen Fuchs vom Roxy-Kino, der gab uns immer Freikarten.

Gottfried Drott

Es gab einen Schaffner, den manche als „den Wiener" kannten. Er rief die Haltestellen in österreichischem Tonfall aus, so auch Waldfriedhof. Auf einer Rückfahrt vom Heinerfest setzte er dort hinzu: „Alle Bierleichen aussteigen!" Tatsächlich fühlte sich ein Paar angesprochen, mühte sich wacklig die Treppe hinunter und sah dann erstaunt der davonfahrenden Neun nach.

Herbert Schwarz

Der Schaffner mit dem „Wiener Schmäh" wohnte in Wolfskehlen. Er kam jeden Morgen mit dem Moped zum Dienstbeginn nach Griesheim. Die Haltestellenansage geschah immer nach dem selben Muster, zum Beispiel: „Waldfriedhof, Friedhof, bittä." Den schönsten Spruch hatte er aber zwei Haltestellen vorher, nämlich: „Berliner Allee, Berliner, zum Hauptbahnhof umsteigen bittä, wir dürfen niemand um die Ecke bringen."

Sepp Vilsmaier

Die Heag war ein sehr sozialer Betrieb. Das Fahrpersonal bekam jedes Jahr einige Freifahrtscheine für die Familie, damit fuhren wir dann nach Ober-Ramstadt zum Onkel Ludwig und nach Jugenheim zur Tante Luise. Es gab auch eine Kohlenkasse. Jeden Monat wurde eine bestimmte Summe einbehalten und von der Heag verwaltet. Wenn der Winter nahte, konnte man für das angesparte Geld bei Kohlen-Schneider den Winterbrand bestellen; die Heag beglich dann die Rechnung. So war für jeden eine warme Wohnung gewährleistet.

Ria Märtin

Als Heag-Bedienstete bekamen wir damals das Kilowatt Strom für 2 Pfennig, es gab in der Kantine ein gutes Essen für 1 Mark und wir konnten Wannenbäder und Duschen umsonst benutzen. Unser Chef jedoch, Wilhelm Strahringer, war ein schwieriger Mensch und verachtete uns als „Schaffnervolk".

Gottfried Drott

Gern erinnere ich mich auch an das schöne Lied: „Liebe kleine Schaffnerin, bim, bim, bim, sag, wo fährt dein Wagen hin, bim, bim, bim", das mir oft mein Vater sang, wenn ich zum Fahrdienst ging.

Ilse Abt

Es muss eine andere Zeit gewesen sein, wenn ein Schaffner in der Pause vor der Abfahrt lauthals Operetten- und Opernmelodien von sich gab – und dies gekonnt.

Horst Anacker

Respektsperson: Kontrolleur Heinrich Oldendorf, mit einem unbekannten Schaffner. Luisenplatz, 1950.

Mit links: Lackierer am Böllenfalltor, April 1950.

Das Gesicht des Wohlstands: Pausbäckig steht der neue Gelenktriebwagen in der Remise, 1962.

Eckig oder rund?

Was die Form der Wagen über die Zeit verrät

Hafer oder Strom: Ernst-Ludwigs-Platz um 1900.

In Darmstadt gibt es zwei Türme. Der eine ist weiß und rund, der andere rot und eckig. Der weiße heißt „der Weiße", was sehr vernünftig ist, der andere heißt Hochzeitsturm, weil er ein Hochzeitsgeschenk war, wohl kein wirklich praktisches, gemessen daran, was man Brautpaaren gewöhnlich mitgibt. Aber die Eheleute waren ja auch Hoheiten und hatten schon alles. Den Darmstädtern ist der eine Turm so lieb wie der andere. Den einen schenkten sie her, den anderen kriegten sie geschenkt; letztlich stehen beide für Stadtgeschichte und irgendwie auch für die Identität eines Ortes und der dort wohnenden Menschen. Formen, so sieht man, können Teil der Bedeutung eines Gegenstands sein, und sie können Gefühle hervorrufen oder binden.

Wenn Formen Gefühle bewusst hervorrufen, dann nennt man das Design. Die erste Straßenbahn, 1879 auf der Berliner Gewerbeausstellung, sah aus wie ein Wäschekorb mit vier Rädern. Doch dann ging es ganz schnell und ganz anders weiter. Das ist bemerkenswert. Als es 1835 plötzlich die Dampflokomotive gab und dazu Züge gebaut werden mussten, setzte man einfach Postkutschen auf die Gleise. Das Neue sah so aus wie das Vorherige. Auch die Motorwagen des Jahres 1886, die Karl Benz und Gottlieb Daimler in den Staub der Chausseen gerollt hatten, sahen aus wie das, was es schon gab: Kaleschen, nur ohne Pferde. In jenem Geburtsjahr des Automobils wäre auch den Passagieren des hochmodernen Darmstädter „Feurigen Elias" zu so einem Kraftwagen nur ein Lächeln eingefallen – falls der sich da in der Residenz schon hätte blicken lassen. Längst hatte die Eisenbahn ihre eigene Stilistik entwickelt – während Autos noch jahrzehntelang wie knatternde Dinosaurier aussahen.

Elektrizität jedoch war etwas so grundlegend Neues, dass sie sofort nach grundlegend neuer Gestalt verlangte. Der erste, der dies begriff, war kein anderer als Peter Behrens. Als Architekt durfte der Gestaltkünstler 1901 auf der Darmstädter Mathildenhöhe zeigen, was es heißt, ein neues Jahrhundert zu begründen – als einziger neben dem Formguru Joseph Maria Olbrich. Allein die Wege der beiden Genies trennten sich rasch. Olbrich, der 1908 starb, blieb keine Zeit mehr, aus dem kanonischen Gefängnis seiner Lebensdekoration herauszufinden. Behrens dagegen wurde von der AEG nach Berlin berufen: zum ersten Industriedesigner der Welt, der dem elektrischen Kosmos Gesicht zu geben hatte: von der Glühbirne bis zur Fabrikhalle. Bei der Entwicklung elektrischer Bahnen hatte mal AEG, mal Siemens die Nase vorn (so ist es, unter veränderten Konzernnamen, bis heute geblieben). Die Verkehrsmittel, die so entstanden, warfen sich gleichwohl von Anfang an in ein unerhörtes Kleid.

Schwere Motoren, schwere Rahmen

Als Vorbild im städtischen Nahverkehr gab es bis dahin ja nur den Pferdeomnibus. Das war ein nach und nach aus den Nähten geplatzter Kremser, in größeren Kommunen auch doppelstöckig, gemeinhin mit einer Plattform hinten, auf die man aus dem kotigen Pflaster heraus aufzuspringen hatte. (Der Zustieg vom Heck aus ist mancherorts Tradition geblieben, in Paris zum Beispiel bis in die sechziger Jahre.) Es gab auch Pferdebahnen, die sich, immerhin, erstmals an die Schiene banden, stilistisch gleichwohl Kutschen auf spillerigen Rädern blieben, wenn auch schon mit zwei Plattformen. Die Straßenbahn war sofort anders. Sie durfte schwerer sein und zeigte ihre Solidität, sie verbarg nicht ihre technischen Einrichtungen. Sie war modern, und sie war es eigentlich immer, selbst in den dürftigsten Zeiten nach einem Zweiten Weltkrieg, als jeder glaubte, sie verspotten zu dürfen.

Die ersten Straßenbahn-Designer schöpften also quasi aus dem Nichts. Das Chassis ergab sich aus den Notwendigkeiten der Technik; schwere Motoren bedurften eines schweren Rahmens, und die sich aus dem Gewicht ergebenden Schwingungen setzten schwere Federung voraus. Um Bleche zu verbinden, griff man damals zu Nieten, deren vorstehende Köpfe gewissermaßen zum Emblem des Eisenzeitalters wurden. Die elegantere Schweißtechnik löste sie erst nach dem Zweiten

Weltkrieg ab. Um Tonnage zu sparen, wurde auf den Rahmen ein Fachwerkgerüst aus Holz gesetzt, blechern beplankt. Holz dominierte auch den Innenraum. Bisher war jedes Gefährt auf der Straße Anhängsel gewesen. Dieses fuhr von allein, bedurfte weder eines sich abmühenden Gauls noch einer stampfenden Lokomotive. Die Straßenbahn trug die Kraft in sich.

Anfangs schämte man sich noch ein wenig dieser funktionalen Nacktheit. Dieses Schämen drückte sich in allerlei Zierrat aus, mit dem man sich für die Technik entschuldigen wollte, in der peinlichen Gestik des Kaiserreichs. Ornamente zierten deswegen die Karosserie, verspielte Ranken, dazu Anschriften in goldenen Jugendstillettern, mit einem dunkleren Bronzeton schattiert. Solche Effekte waren einer Vorkriegszeit geschuldet, die nicht nur in Geschmacksfragen jede Orientierung verloren hatte, die vielmehr glaubte, sich hinter den letzten Gardinen der Ästhetik vor auch politischen und sozialen Neuerungen verbergen zu können. Als dies nicht gelang, ging man lieber in einen Krieg.

Die frühen Straßenbahnwagen auch Darmstadts spiegeln das Prekäre dieser Situation. Sie sind gegenüber den behäbigen Dampfbahnwagen des „Feurigen Elias" ungeheuer modern, auch ungeheuer rasant (so dass es gleich, 1897, die ersten Unfallopfer gibt), allein das radikal Neue, heute kaum noch Nachvollziehbare dieses bis dahin ungesehenen Verkehrsgegenstands im städtischen Alltag wird noch gemildert durch die offene Plattform, auf der der Wagenführer an den Kurbeln bei Wind und Wetter ausharren muss wie weiland der Droschkenkutscher mit der Peitsche. Dieses Opfer ist Absicht, Symbol der feudalhierarchischen Gesellschaft. Die geht, zum Glück, im Krieg unter. Dass Wagenführen Arbeit ist, verdeutlichen sogleich nach dem Ersten Weltkrieg die großen Verkehrsstreiks; fortan gibt es auch keine wie immer geartete ideologische Bemäntelung des städtischen Verkehrsmittels mehr.

Typischer Vorortzug: Seeheim, 1953.

Und sofort sehen die Straßenbahnen anders aus. Ihre Fans sagen, nie seien sie schöner gewesen als in den zwanziger Jahren. Da ist etwas dran. Etwas mehr als ein Jahrzehnt waren sie die Avantgarde des Fortschrittsgedankens. Nicht so sehr die Ästhetik im Einzelnen als vielmehr das Bewusstsein, dass der Tram noch im letzten Eckchen des Reiches ein Stück Großstadt anhaftet – ein Stück „Berlin!" – verhalf ihr zu neuem, attraktiverem Aussehen. Noch hatte jeder kommunale Verkehrsbetrieb seinen eigenen Couturier. Beziehungsweise jeder Fahrzeughersteller, von denen es vor dem Zweiten Weltkrieg noch viele gab. Erstmals aber zeichnete sich eine Tendenz ab, die das Repräsentative des Trambahnwagens nicht mehr vom seinem Dekor ableitet, sondern von seiner Eigenart.

Schnittig wie ein Schnellzug

Das lässt sich in Darmstadt geradezu beispielhaft betrachten. Kurz vor dem Ersten Weltkrieg, als endlich die erste SEG-Strecke elektrifiziert war (nach Eberstadt), beschaffte die Heag 15 Triebwagen von der Mainzer Waggonfabrik Gastell und zehn Beiwagen des Konkurrenten Fuchs in Heidelberg. In Länge und Gewicht (17 Tonnen) blieben sie bis in die Nachkriegszeit ohne Vergleich. Formal lehnten sie sich – mit dem Oberlichtdach, das zu den Enden schleppenartig herabgezogen war – an die Schnellzugwagen der Preußischen Staatsbahn an; die dreifenstrige Front kopierte sogar die Prototypen des elektrischen Schnellverkehrs, die auf der Versuchsstrecke Marienfelde–Zossen (bei Berlin) Geschwindigkeiten bis 210 Stundenkilometer erreicht hatten. In dem durchaus etwas verspinnwebten Darmstadt waren die Straßenbahnen des Jahres 1914 die modernsten des Reiches. Am 1. August dieses Jahres jedoch setzten die deutschen Fürsten den Ersten Weltkrieg in Gang; die schon vorbereitete Elektrifizierung der Darmstädter Vorortstrecken nach Arheilgen und Griesheim unterblieb. Und als endlich, Jahre später, wieder über Straßenbahnen geredet werden konnte, waren die prachtvollen Ungetüme von 1913 eben veraltet. Dass sie noch fünfzig Jahre Dienst vor sich hatten, steht auf einem anderen Blatt.

Dass die Heag schon 1925 wieder neue Wagen bestellte, überrascht nur auf den ersten Blick. Man hatte gerade ein erstes Jahr wirtschaftlicher Stabilität hinter sich (trug den Schock der In-

Stark, schwer, schön: Bergstraßenzug (Serien ST 2 und SB 3) zwischen Eberstadt und Malchen.

flation aber noch in sich); das war das eine; das andere war, dass die Wagen von 1913 sich zwar im Vorortverkehr bewährt hatten (der mit 1200 statt 600 Volt betrieben wurde), nun aber eine Erneuerung des innerstädtischen Wagenparks aus der Zeit der Jahrhundertwende anstand. Müsste man heute ein Design für 1925, für diese Darmstädter Situation erfinden, es würde nicht anders aussehen: bieder, vorsichtig, alles in allem konservativ. So geriet die Serie ST 3, von der heute noch der Museumswagen 57 läuft. Das Vorwitzigste ist der für Darmstädter Verhältnisse große Achsstand; es schaut aus, als strecke unter einer altbackenen Brotbüchse eine Katze genießerisch ihre Läufe aus.

Die nächste Lieferung fällt ins Jahr 1929: Hier kulminieren die „Goldenen Zwanziger" in jenen letzten Monaten vor dem Schwarzen Freitag, dem alle Flottheit vernichtenden Börsenkrach; es ist die Zeit des Jitterbugs, Charlie Chaplins, der Zeppelin-Weltumrundung und des Ozeanflugs von Charles Lindbergh. Die Zeit raste, und sie stand doch für einen Augenblick lang still: Als könne die Welt in die Speichen des Schicksalsrads greifen, das sich jetzt schon in den Zweiten Weltkrieg zu drehen begann. Die neuen Straßenbahnen spiegeln auch dies: Die Serie ST 4 ist eine der Exoten im Darmstädter Fuhrpark, elegant wie nie zuvor und nie danach, im Inneren geradezu luxuriös mit Ledersesseln ausgestattet. In einer Stadt der Bürokraten konnte ein solches Angebot nicht gutgehen: Bei der Heag wurden die Wagen der Reihe ST 4 auffällig herzlos behandelt und später so rasch wie möglich ausrangiert. Luxus – nicht, dass das einreißt! Wir wollen doch am Ende nicht noch die Fahrgäste verwöhnen!

Verkehrspolitik als Machterhalt

Der Komfort für alle war ein letzter Höhepunkt der demokratischen Zeit. Im Weltbild des Nationalsozialismus spielte die Straßenbahn die Rolle einer Geduldeten, nicht Geförderten. Hitler selbst suchte Schienenverkehr jeder Art zu sabotieren. Organisierter Verkehr bedeutete organisierte Arbeit, vor 1933 hieß dies: die Gefahr von Streik. Hitler wollte den organisierten Volksgenossen, der sich seiner Verfügbarkeit nicht bewusst ist, weil ihn die Illusion der individuellen Verkehrsteilhabe darüber hinwegtäuscht. Deswegen der „Volkswagen", und

Kreuz und quer: Vorkriegs- und Nachkriegsfahrzeuge 1957 auf dem Luisenplatz.

das hieß: Kampf des Autoverkehrs gegen den Schienenverkehr. Das ist keineswegs eine Erfindung der Nachkriegszeit, sondern von Hitlers Stadtplanern konsequent vorgedacht; während draußen die Bomben der Alliierten die Altstädte auslöschten und die Straßen freiräumten, erfanden die Architekten in den Bunkern des „Wiederaufbaustabes Speer“ die autogerechte Stadt. Hitler beging Selbstmord, doch seine Planer verhalfen einander allesamt in ansprechende Ämter der Nachkriegskommunen. Auch in Darmstadt, wo zwei der schlimmeren Nazis, Peter Grund und Ernst Neufert, zwei Jahrzehnte lang bestimmten, wie die Stadt auszusehen hatte, die Dank ihrer Mithilfe zerstört worden war. Das Ergebnis sind Orte wie die Kreuzung Landgraf-Georg-Straße, Pützerstraße, Teichhausstraße: Im Straßenplanum aber liegen noch immer Schienen – die zugeteerten Gleise der Strecke zum Ostbahnhof, die zunächst von der Linie 5, dann von der Neun und zuletzt von der Linie 4 befahren wurde. Inzwischen betreibt die Heag die Wieder-Inbetriebnahme dieser Verbindung.

Der Luxuriöse: Wagen 75 (Reihe ST 4) am Merckhaus.

Die Post (hinten) liegt noch in Trümmern: Luisenplatz um 1955.

Mit der Straßenbahn an die sonnige Bergstraße

Die schönsten Ausflüge von und nach den Haltestellen

DARMSTADT - EBERSTADT - MALCHEN - SEEHEIM JUGENHEIM - (ALSBACH)

Rückwege auch nach den Heag-Autobushaltestellen Ober-Ramstadt und Nieder-Ramstadt

Herausgegeben 1939 von der Hess. Eisenbahn A.-G. Darmstadt, bearbeitet von G. Fischer, Eisenb.-Dir. a. D., Jugenheim

Schutzpreis 10 Pfennig

Ausflug in den Krieg: Broschüre vom Sommer 1939.

Verkehrspolitik war Teil des Machterhalts. Im nationalsozialistischen Deutschland bedeutete dies: Als die Macht gesichert war, 1935/36, galten die Dogmen nichts mehr. Nun radikalisierte sich die Politik in Richtung Krieg. Für die, mag sein, noch ahnungslosen Städte hieß dies zunächst: Aufwind für die Straßenbahn. Ein Massenverkehrsmittel, das man im Zeichen der totalen Mobilisierung brauchen würde. Neue Einheitsfahrzeuge sollten gebaut werden, Strecken wurden verlängert. Auch in Darmstadt. In einer besonders schönen Broschüre aus dem Sommer 1939 wird sogar die Fahrt nach Alsbach schon versprochen: aus der Großstadt binnen einer halben Stunde in die Kurorte der Bergstraße. „Die Vorarbeiten haben bereits begonnen", wird mitgeteilt. Das war bei Erscheinen der Broschüre allerdings Makulatur; nun ging es nicht an die Bergstraße, sondern nach Lodz, Narvik, Tobruk, nach Auschwitz und Stalingrad. Alsbach wurde erst 1979 erreicht; vierzig Jahre nach der Ankündigung.

Als die Bomben fielen, als sich abzeichnete, dass die nationalsozialistische Moderne eine des Schutts und der Asche ist, wurde auf die Schnelle der KSW gebaut, der Kriegsstraßenbahnwagen. Langer Kasten, vorn und hinten schmal, wenige Sitze, lange Plattformen zum Stehen. Doch in jenen Monaten, als Städte, Straßen, Strecken und Züge im Bombenhagel verglühten, blieb auch der KSW ein unwirkliches Versprechen. Die kantigen Wagen kündeten durchaus von einer neuen Ästhetik, doch gerade dort, wo sie dringend gebraucht wurden, kamen sie erst lange nach dem Waffenstillstand an. In Darmstadt lief der KSW von 1948 bis 1978.

Aus heutiger Sicht ist es erstaunlich, dass 1945 überhaupt jemand über irgendwas nachdenken mochte, das in die Zukunft gerichtet war. Doch schon in den Trümmern deutscher Städte machten Ingenieure sich Gedanken, wie nun endlich der Einheitsstraßenbahnwagen beschaffen sein müsste, den es bisher noch nicht gab. Zuerst als Aufbauwagen, der die Fahrgestelle zerstörter Karosserien nutzt, dann als „Verbandswagen", der einheitlichen Bedürfnissen des Verbands Öffentlicher Nahverkehrsbetriebe Genüge tut, endlich als normiertes Angebot der Fahrzeugindustrie. Wobei man sich klar war, diese Strategie von einem Rückzugsposten aus zu präsentieren: Denn ganz allgemein sollte die Straßenbahn ja aufs Abstellgleis geschickt werden – zugunsten des Trolleybusses, des Dieselbusses, ja der U-Bahn.

Streng, gerade, ehrlich

Darmstadt kaufte 1954 neun Zweiachser des Verbandstyps von der Münchner Waggonfabrik Rathgeber sowie acht gleichartige Beiwagen. 1964 kamen noch vier Triebwagen und vier Beiwagen dieses Typs der stillgelegten Regensburger Straßenbahn dazu. Aus welchem Blickwinkel man es auch beurteilen mag: Diese Züge haben den Betrieb der Heag dann geprägt wie kein anderer; ihre Robustheit mag dazu beigetragen haben, dass die Heag als letztes Unternehmen Westdeutschlands Zweiachser fahrplanmäßig einsetzte. Darmstadts Verbandswagen waren auch die einzigen, die ein für diesen Ort unverwechselbares Aussehen zeitigten: die gerade Stirn, die noch überhöht wurde durch Eckwürfel für die Liniennummern (wie es sonst vor allem für Berlin typisch war), zwischen diesen der Kasten mit der Broseband-Zielangabe. Streng, gerade, ehrlich: So wäre der Charakter der ST 6 zu beschreiben.

Und plötzlich, 1961, machte diesen Zügen der Gelenkwagen Konkurrenz. Schwer zu ermessen, wie spektakulär diese Entscheidung für die Heag gewesen sein mag. Immerhin ist Darmstadt den Weg nicht mitgegangen, den fast alle andere Städte mit ihren Verkehrsbetrieben beschritten hatten, den zum (allerdings vierachsigen) Großraumwagen. Ein Jahrzehnt lang ließ die Heag andere Kommunen vorneweg stürmen, und als die gerade ihre ersten Gelenk-Sechsachser beim Marktführer Düwag bestellten, orderte die Heag eigensinnigerweise ein täuschend ähnliches Fahrzeug bei der Waggonbau-Union in Berlin, „um der durch den Mauerbau gebeutelten Frontstadt unter die Arme zu greifen". Solche kruden Motive gab es tatsächlich.

Die Notlösung: Kriegsstraßenbahnwagen, Reihe ST 5.

Der Geradlinige: Wagen 16 der Reihe ST 6.

In der Frankfurter Straße: Rathgeber-Wagen 18.

Hauptbahnhof ohne Dach (hinten), um 1955.

Merck, 1981: Modernisierter Gelenkzug (ST 7).

Auch das seriöse Karlsruhe bestellte in Berlin. Allerdings wurden solche Bestellungen freundlich honoriert: Der Staat dankte mit Subventionen.

Und plötzlich schnellten jene muskulös-gelenkigen Triebwagen hinauf zum Oberwaldhaus. Das geschah allerdings nur an Sonntagen und an Feiertagen mit zu erwartendem Vielverkehr. Für die Linie Sechs waren die Gelenkwagen nämlich zu breit; der Fahrplan musste darauf achten, dass die Wagen einander nicht in den engen Kurven der Dieburger Straße begegneten. Und irgendwie ein wenig zu breit sahen sie auch aus, für hiesige Verhältnisse. Ein dickes, rundes Gesicht, fette Bäckchen sozusagen, dazu die schräg verschattete Fahrerscheibe nach amerikanischem Vorbild, damit meldete sich das Neue an, im Innern dazu grünliche Flanken und Haltestangen aus orangefarbenem Kunststoff. Nur noch die Sitze waren aus Holz – Durofol, wie schon beim Verbandstyp, gesäßgeformt und doch hart.

Während die Oldtimer so langsam an die Peripherie gedrängt wurden – zur Linie 9A zum Beispiel, die zwischen Griesheim-Wagenhalle und Griesheim-Schule verkehrte – trugen Verbandszweiachser und Gelenkwagen über rund dreißig Jahre des Wiederaufbaus und „Wirtschaftswunders" die Hauptlast des innerstädtischen Verkehrs. Die Zweiachser heulten, die Sechsachser trampelten, ihre Erscheinung ist in jedem Fall, im Bild wie im Ton, mit jenem Alltag verwoben, in dem Darmstadt wieder zu sich fand. Trümmer zu beiden Seiten, die langsam verschwanden, Katzenkopfpflaster zwischen den Schienen, Menschenlast im Wagen, verschwitzt oder verfroren, je nach Jahreszeit, mengenhaft gepackt; wer einmal die Halteschlaufe in den Wagen jener Jahre gepackt hatte, wird das Gefühl des widerständigen plastikhaften Griffs auch nicht mehr vergessen. Und wer entsinnt sich noch des Kraftakts, der nötig war, um an heißen Sommertagen eine Dachluke aufzustemmen?

Nach dem Krieg wurde die äußere Linie der Darmstädter Straßenbahnwagen weicher, fließender. Lang noch blieb die Farbe: Elfenbein, mit einer roten Zierlinie. Das Fahrgestell in olivgrün. In den siebziger Jahren fiel der Heag ein, die Bürger zur Farbwahl zu bitten. Ein Rentner gewann das Preisausschreiben. Er hatte was mit Orange und Blau im Sinn. Seit dreißig Jahren grübeln nun Fahrzeug- und Werbefachleute, warum die Heag den Geschmack des Privatiers so treu übernahm. Das Design gilt noch heute. Ganzkörperreklame mindert den kuriosen Eindruck.

Koteletten und Schlaghosen

Fünfzehn Jahre lang verzichtete die Heag auf Neuanschaffungen. Es war nicht einmal eine Zeit, in der über die Straßenbahn kontrovers gesprochen worden wäre. Eine Periode der Ereignislosigkeit, 1961 bis 1976, während draußen die Welt ein neues Gesicht annahm. Zur Darmstädter Straßenbahn lässt sich nur sagen, dass man damals dachte, so wie sie sei, so werde

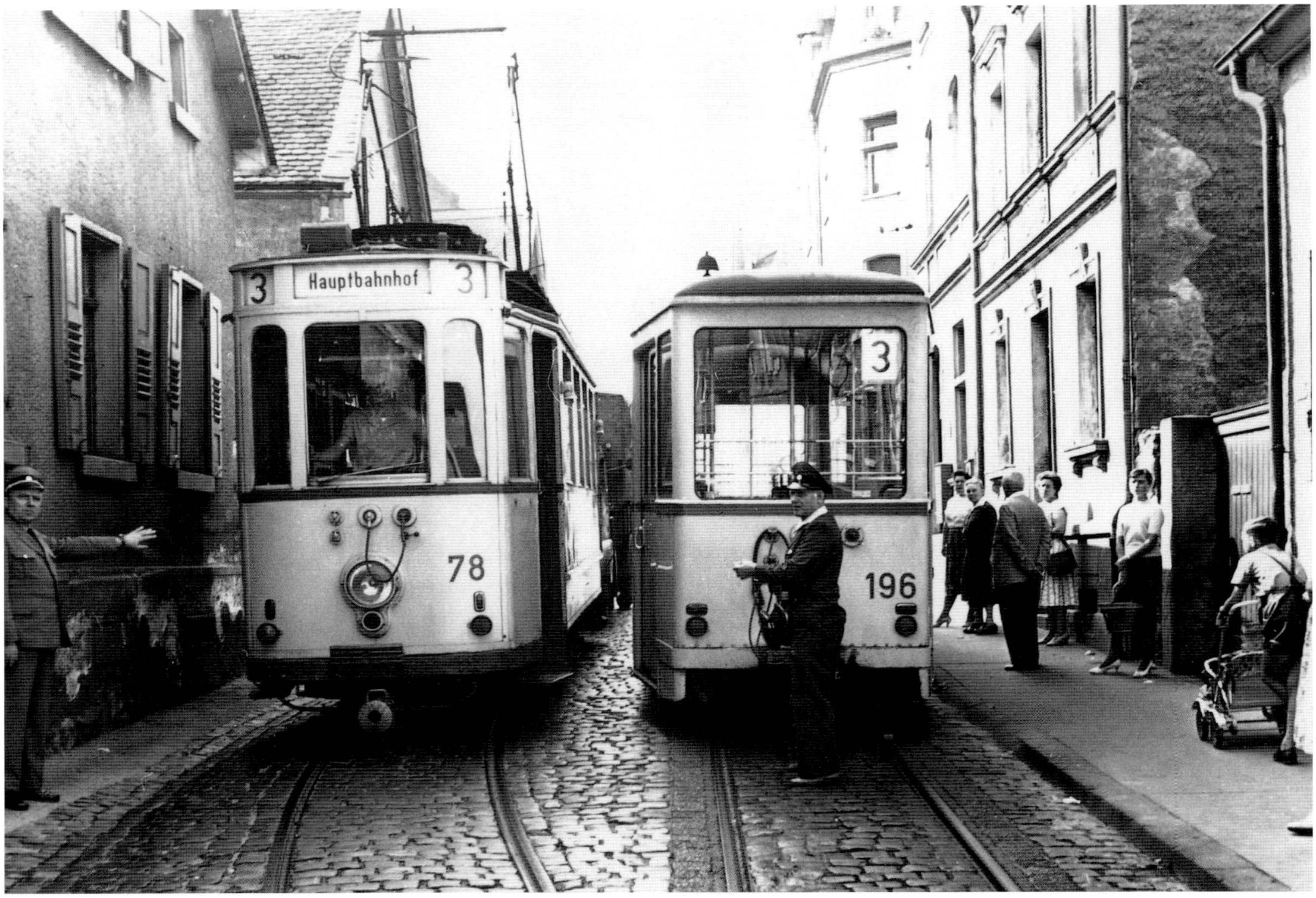

Die Polizei stoppt, bis das Bild im Kasten ist: Zugkreuzung in der Ludwigshöhstraße, 1959.

sie nun bleiben, auf immer und ewig. Da die Heag aber nebenher fleißig verschrottete, wurden doch neue Fahrzeuge fällig. Und auf einmal gab es ganz andere Sechsachser: eckiger als die Vorgänger, ein wenig zu den langen Koteletten und Schlaghosen der Popartisten in den Fernsehsendungen passend. Und, erstmals mit „zwei Augen“ – Scheinwerfer wie die Automobile. Sah man damals auf die ebenfalls neuen Fahrzeuge in Mainz oder im Ruhrgebiet, wirkten Darmstadts Anschaffungen abermals auffällig brav. Den Sechsachsern folgten rasch Achtachser – das war nun wirklich eine Sensation für Darmstadt, zumal mit Anhänger: Züge von mehr als 42 Meter Länge und einer Kapazität von mehr als 300 Passagieren. Allerdings: es blieb beim „Harald-Juhnke-Gesicht“, dem etwas piefigen Design der Waggonbau-Union in Berlin-Tegel.

Von diesem Hersteller wich die Heag dann 1994 ab, als erstmals Niederflurfahrzeuge geordert wurden – Beiwagen von Linke-Hoffmann-Busch in Salzgitter. Die deutsche Einheit war vollzogen; Berlin brauchte nicht mehr unterstützt zu werden; oder anders gesagt: Es gab keine Frontstadtzulage mehr. Die LHB-Hänger waren praktisch das Mittelteil der wenig später gelieferten neuen Achtachser. Für die Heag ging damit der konsequente Umbau der Haltestellen für den Niederflureinstieg einher, während die Stadt an nahezu allen Kreuzungen Vorrangschaltungen für die Tram installierte – ein Service- und Beschleunigungsprogramm, das mit dieser Qualität in kaum einer anderen deutschen Großstadt verwirklicht wurde. Die Darmstädter FDP beklagt diesen Fortschritt noch heute.

Mehr fürs Herz gab es damit freilich nicht. Die Niederflurzüge sind zeitgemäß – und zugleich gesichtslos; ihnen fehlt nun auch noch das letzte Stück gestalterischer Identität. Die Heag übernahm eine Bauform, die sich bereits in Magdeburg bewährt hatte. Dagegen ist nichts zu sagen. Die Karosserie zeigt glatte Flächen, tief hinabgezogene Seiten, eine spröde, gerippte Front – das Design von ordentlichen Werkzeugmaschinen. Emotionen werden so nicht gebunden, und dazu passt, dass die Fahrer hemdsärmlig und leicht misslaunt in ihrer Kabine lümmeln; Kundenansprache ist ja nicht mehr vorgesehen. Für den Augenblick, den einer wie stets langweiligen Übergangszeit, mag das angehen, in Zukunft aber, die auch den Schienennahverkehr in einem schärferen Wettbewerb sieht, ist mehr Bemühen um die Zuneigung des Fahrgasts angesagt – solche, die ihn umwirbt und einlädt. Dazu gehört korrektes Auftreten, dazu gehört ein Aussehen auch der Fahrzeuge, das unmissverständlich wirbt: Hier ist Darmstadt, hier ist deine Bahn, hier ist das Beste, das du kriegen kannst. Wie solche Straßenbahnen aussehen können – elegant und verführerisch –, in Frankreich zum Beispiel, das eine beispiellose Tram-Renaissance erlebt, kann man sich das bereits anschauen. 120 Jahre lang folgte der Nahverkehr Darmstadts nicht unfreundlichen, letztlich jedoch bürokratisch-pragmatischen Regeln. Die Zukunft verlangt nach Aufbruch: einem ähnlichen wie ganz am Anfang.

Schöner Schauder des Schaukelns

Zweier Fahrzeuge soll an dieser Stelle noch gedacht werden: Einkäufen aus zweiter Hand. Das eine waren die beiden Triebwagen der Serie ST 0, 1951 aus Marburg erworben, die einzigen klassischen Vierachser der Heag. Gebaut 1927 von der Waggonfabrik Credé in Kassel. Am Böllenfalltor wurde endlos daran herumgeschraubt, bis die Wagen halbwegs modern aussahen, freilich auch etwas dickbauchig: Elefanten auf acht Rädern. Beim Personal hatten die Marburger den Spitznamen „Atomwagen"; gern fuhr man nicht damit, es gab viele Pannen. Anspruchsvoll und kapriziös war in gewisser Hinsicht auch der zweite Zukauf: eine Serie von sechs Triebwagen (ST 9), die 1969 aus Remscheid geholt wurden, 1960 bei Westwaggon in Köln gebaut, deren konstruktive Eigenheiten den Steilstrecken des bergischen Lands geschuldet waren. Auch ihrem Umbau auf Darmstädter Verhältnisse hat sich die Werkstatt am Böllenfalltor ausdauernd und hingebungsvoll gewidmet – die Gründe des Einkaufs bleiben ein Rätsel, weil es damals weitaus preiswertere und passendere Gebrauchtfahrzeuge gab.

Die ST 9 fuhren dann lang auf der Linie 3 (sozusagen Darmstadts Gebirgsstrecke), auf anderen Linien als Einsatzwagen. Im Gegensatz zu den Marburgern spielten sie also doch ihre Rolle. Sie waren unpraktisch, weil man sich durch winzige Türen hinein- und herausquetschen musste. Und sie wurden heißgeliebt nicht nur von der Schuljugend, weil die starken Bremsen im Verein mit dem schwebenden Mittelgelenk dafür sorgten, dass der Wagen erotisch schaukelte wie sonst nur ein Fahrgeschäft auf dem Heinerfest. Manches Mal kippte der sich aufbäumende Wagen sogar das Regenwasser, das sich in den Dachrinnen gesammelt hatte, an der Haltestelle in einem Schwall auf die Fahrgäste – Unterhaltung in solchem Maß: Was mehr wollte man sich von der Straßenbahn wünschen!

Der Elegante: Remscheider Triebwagen (Serie ST 9).

Design der siebziger Jahre: ST 10 in Eberstadt.

In Zukunft Niederflur: Jüngste Fahrzeuggeneration ST 13.

Verkehr in alle Richtungen – und dazu brauchte man noch nicht einmal Ampeln. Luisenplatz 1953.

BRINK
MANN

Groß und klein: Der Schmalspurzug aus Griesheim überquert auf der Brücke der Rheinstraße das südliche Vorfeld des 1912 eingeweihten neuen Hauptbahnhofs. Erst 1926 wurde diese Strecke des „Feurigen Elias" elektrifiziert.

Von 1886 bis 2006

Chronik des Darmstädter Schienenverkehrs

1886 25. August: Eröffnungsfeier der Dampftramwaystrecken Schloss-Griesheim und Schloss-Eberstadt. 30. August: Betriebsaufnahme.

1890 30. April: Betriebsaufnahme der Dampfbahn Schloss–Arheilgen. Länge der drei Bachstein-Strecken: 17,8 Kilometer.

1895 1. April: Gründung der Süddeutschen Eisenbahn-Gesellschaft (SEG), die fortan die Darmstädter Strecken betreibt, ebenso wie in Mainz, Wiesbaden, Mannheim, Heidelberg, Weinheim, Karlsruhe, Essen sowie viele Überlandbahnen.

1897 23. November: Betriebsaufnahme der Städtischen Straßenbahn Darmstadt (elektrisch). Erste Linie: Böllenfalltor–Steubenplatz (Bahnhöfe). Zweite Linie Dieburger Straße/ Ecke Taunusstraße bis Heidelberger Straße, Ecke Hermannstraße.

1902 30. August: Verlängerung Taunusstraße–Fasanerie.

1903 1. April: Verlängerung Hermannstraße–Landskronstraße.

1905 Dritte Linie der städtischen Straßenbahn: Schlossgartenplatz–Steubenplatz (später Teil der Linie 5).

1912 1. April: Gründung der Hessischen Eisenbahn-Aktiengesellschaft (Heag), die sowohl die Darmstädter SEG-Strecken wie die der Städtischen Straßenbahn übernimmt. Gesamtlänge: 30,5 Kilometer. 1. Mai Verlängerung Steubenplatz–Hauptbahnhof (neu).

1913 1. Mai: Eröffnung der Linie Schloss–Ostbahnhof.

1914 1. Mai: Schloss–Eberstadt Friedhof wird auf elektrischen Betrieb umgestellt. 1. August Deutschland beginnt den Ersten Weltkrieg.

1918 9. November: Die Bürger setzen den Großherzog ab; Hessen wird Republik, Darmstadt Hauptstadt des Volksstaats.

1922 31. März: Einstellung des Dampfbetriebs nach Griesheim und Arheilgen; in den nächsten Jahren kein Verkehr.

1924 18. Dezember: Aufnahme des elektrischen Betriebs bis zur Firma Merck.

1926 12. Mai: Verlängerung Fasanerie–Oberwaldhaus. 12. Oktober: Aufnahme des elektrischen Straßenbahnbetriebs nach Griesheim. 26. Oktober: Verlängerung des elektrischen Betriebs bis Arheilgen. Neubau zweier Wagenhallen in Griesheim und Arheilgen.

1927 Verlängerung Schlossgartenplatz–Heinheimer Straße.

1933 6. März: Machtübernahme der NSDAP in Hessen und seiner Hauptstadt Darmstadt.

1936 15. Mai: Verlängerung Eberstadt–Seeheim, 25. Mai: Seeheim–Jugenheim. Das Heag-Straßenbahn-Streckennetz umfasst nun 39,6 Kilometer.

1939 1. September: Deutschland beginnt den Zweiten Weltkrieg.

1944 11. September: Zerstörung großer Teile Darmstadts durch einen Luftangriff des Bomber Command der Royal Air Force. Zwei Straßenbahntriebwagen verbrennen vor dem Großen Haus, darunter Tw 57, das heutige Museumsfahrzeug. Die Linie 2 Böllenfalltor–Hauptbahnhof wird schon im Oktober wieder in Betrieb genommen.

1945 25. März: Die Armee der Vereinigten Staaten rückt ein; in Darmstadt ist der Krieg zu Ende. Der Straßenbahnverkehr ruht über Wochen hinweg. Rund 10 000 Darmstädter kamen in diesem Krieg ums Leben, darunter 115 Heag-Mitarbeiter (79 an der Front, 36 in der Brandnacht). Die finanziellen Schäden der Heag betragen 16 Millionen Mark.

1947 1. Januar: Als letzte geht die Linie 3 wieder in Betrieb.

1948 3. Februar: Inbetriebnahme des zweiten Gleises zwischen Eberstadt und Malchen. Beginn des zweigleisigen Ausbaus der Strecke nach Griesheim.

Stolz auf ihre Arbeit: Heag-Straßenbahner, 1930.

Die ersten neuen Wagen nach dem Krieg: KSW-Flotte im Betriebshof Böllenfalltor, 1950.

1960 5. Mai: Einstellung der Linie 5 Ostbahnhof–Heinheimer Straße (Ersatz durch Buslinie L).

1961 27. November: Erster Einsatz von Gelenkzügen.

1962 2. September: Neue Gleisschleife an der Endhaltestelle Jugenheim. 9. November: Linie 6 fährt nicht mehr über Theater- und Friedensplatz, sondern am Schlossgraben entlang.

1963 8. Oktober: Neue Gleisschleife an der Endhaltestelle Böllenfalltor, die Straßenbahn- und Buslinien verknüpft.

1966 Verlängerung Ludwigshöhstraße–Lichtenbergschule.

1968 10. Juli: Einstellung des Straßenbahnbetriebs Hauptbahnhof–Waldkolonie (Linie 6).

1970 22. August: Einstellung des Straßenbahnbetriebs auf der Strecke Schloss–Oberwaldhaus (Linie 6).

1972 Eigener Bahnkörper auf der unteren Rheinstraße; erste Fahrscheinautomaten. Inbetriebnahme der „Kinderstraßenbahn".

Als die Heidelberger Straße noch schmal war und Bäume hatte: Berufsverkehr im Sommer 1957 an der Ecke Bessunger Straße.

1974 Die Linien 2, 7, 8 und 9 werden ohne Schaffner gefahren.

1976 26. September: Mit der Einweihung einer neuen Endschleife endet das Provisorium der Pendellinie 9A Wagenhalle–Schule. Die Linie 9 verkehrt nun durchgehend vom Ostbahnhof bis zum Ortsende Griesheims.

1978 Die seit 1897 bestehende Werkstatt Böllenfalltor wird durch einen Neubau ersetzt.

1979 Verlängerung Jugenheim–Alsbach (hatte bereits 1939 in Betrieb gehen sollen).

1980 15. Juli: Ende des Schaffnerbetriebs (letzter Einsatz auf der Linie 3).

1982 26. Mai: Zweigleisiger Betrieb Malchen–Seeheim. 2. September: Erster achtachsiger Straßenbahntriebwagen der Heag.

1983 3. Januar: Einstellung der Linie 2; Ersatz durch Linie 9, die nicht mehr zum Ostbahnhof, sondern zum Böllenfalltor fährt. Neue Linie 4 Schloss–Ostbahnhof.

Ein gutes Team: Personal in den fünfziger Jahren.

1986 11. Oktober: Einstellung der Linie 4.

1988 1. Oktober: Die ersten drei Fahrerinnen werden eingestellt.

1989 Gründung der Heag-Verkehrs GmbH.

1991 1. März/5. August: Einrichtung der Schnelllinie 6 Eberstadt–Merck.

1994 Der Erste von dreißig Niederflurbeiwagen wird in Dienst gestellt.

1995 28. Mai: Start des Rhein-Main-Verkehrsverbunds.

1998 Erster Niederflurtriebwagen ST 13.

2003 13. Dezember: Eröffnung der Neubaustrecke Frankfurter Straße–Kranichstein Bahnhof (Linien 4/5).

2004 Aus der Heag-Verkehrs-GmbH wird die Heag mobilo GmbH mit der Tochterfirma Mobitram.

So hatte alles angefangen: Der „Feurige Elias" in Arheilgen mit Lokführer, Heizer und Schaffnern.

Feierabend: Ein Wagen der Reihe ST 7 wird in die Remise geschoben.

Bundesweit im Buchhandel!

Das ganz
persönliche Geschenk
– die Jahrgangsbände!

...für Frank zum 40. Geburtstag,
...für Lisa, meine beste Freundin aus der ersten Klasse,
...für Tante Marie, die so gerne jung war,
...für den Kollegen Kalle zum Dienstjubiläum
...und: für mich.

je Band nur **12,90** Euro

Erinnern Sie sich an die ersten 18 Lebensjahre – an Ihre Kindheit und Jugend!

Tolle Fotos und Geschichten mitten aus dem Alltag, geschrieben von Autoren aus Ihrem Jahrgang, lassen eigene Erinnerungen lebendig werden.

www.**kindheit**und**jugend**.de
www.**jahrgangsbaende**.de

Weitere Bücher aus dem Wartberg Verlag für Ihre Region

Das war das 20. Jahrhundert in Darmstadt
von Alexa-Beatrice Christ, Peter Engels, Friedrich Wilhelm Kniess, Sabine Lemke
112 S., geb., Großformat, zahlr. S/w-Fotos
(ISBN 3-8313-1457-8)

Darmstadt im Feuersturm
Die Zerstörung am 11. September 1944
von Klaus Honold
72 S., geb., Großformat, zahlr. S/w-Fotos
(ISBN 3-8313-1466-7)

Darmstadt – Kindheit in den 50er Jahren
von Klaus Honold
72 S., geb., zahlr. S/w-Fotos, Großformat
(ISBN 3-86134-682-6)

Geheimnisvolles Darmstadt
von Sibylle Maxheimer und Sabine Welsch
48 S., mit zahlr. Farbfotos
(ISBN 3-8313-1247-8)

Wartberg Verlag GmbH & Co. KG
Bücher für Deutschlands Städte und Regionen
Im Wiesental 1 · 34281 Gudensberg-Gleichen
Telefon (0 56 03) 9 30 50 · Fax (0 56 03) 30 83
www.wartberg-verlag.de